藤原帰一著

デモクラシーの帝国

―アメリカ・戦争・現代世界―

岩波新書

802

序　ボスのいる世界

冷戦終結から一〇年の間、国際政治にはさまざまな方向や未来が開かれているように見えた。世界各国が共通の市場によって結ばれ、国境の意味が薄れた、という人もいた。経済ばかりでなく、環境破壊のように国境を越えて広がる問題も生まれたために、民族とか国家を横断した理念やアイデンティティーが育っているという主張もあった。

もちろん伝統的な国際紛争は残された。だが、冷戦という、半世紀にわたって国際関係を二分してきた権力関係が変わったために、より合理的で適切な方法で紛争に対処できるのではないか、という期待が生まれていた。意味も中身もはっきりしないまま、何か新しいものが生まれているという期待を込めて、「冷戦後」という言葉がどこでも使われる、そんな時代だった。

これらの期待に根拠がなかったといえば言い過ぎになるだろう。だが、二〇〇一年九月一一日の同時多発テロ事件とその後の展開が示す世界は、とてもそんな夢に応える方向には向かっていない。そこにあるのは大国が拮抗する権力政治から、ひとつの大国が権勢をふるう世界への変化であり、アメリカ政府が単独で決定を行い、同盟国も他の国も含め、世界がその決定に従う、という構図である。

アメリカが主導し、世界が従う。湾岸戦争のころにはほかの変化の陰に隠されていたこの構図が、その後の一〇年の間に儀礼のように繰り返された。そして、繰り返されるたびに露骨になり、九月一一日事件の後は世界を覆ってしまったのである。

冷戦終結後の介入の原型となったのが湾岸戦争である。一九九〇年八月二日、イラク軍がクウェートに侵攻した直後から、冷戦期には考えられなかった国際協調が実現した。侵攻の翌日に、アメリカのベーカー国務長官とソ連のシュワルナゼ外相が共同声明を行い、米ソが協力してイラクに対抗することをうたいあげた。それまで米軍の駐留を認めなかったサウジアラビア政府は兵力の派遣をワシントンに要請し、それに応える形でサウジアラビア領内へ米軍が派遣された。冷戦期にはアメリカとの競合を続けてきたソ連と、アラブ世界の穏健派と目されながらワシントンとの距離も保ってきたサウジアラビアが、ともに対米協力に踏み切ったのである。

国連の役割も変わった。安全保障理事会は六七八号決議によって、国連の枠を離れた多国籍軍による武力行使に対し、事実上の承認を与えた。海外派兵には慎重な姿勢を崩さなかった西ドイツも、国連が多国籍軍に事後承認を与えたことを公式の根拠として、多国籍軍への後方支援に踏み切った。六〇億ドルにのぼる膨大な経済支援を行った日本に対しては、派兵しなかったことを理由として、ワシントンなどから批判が浴びせられた。

湾岸戦争における多国籍軍の介入は、冷戦終結によってはじめて可能となった国際協調の一例として、その当時は受け止められていた。また実際、ブッシュ政権は戦闘に踏み切る前に、周到な外交努力を重ねている。イギリスや西ドイツなどの同盟国はもちろん、ソ連、サウジアラビア、さらにイランとも開戦直前の九一年一月まで協議が続けられた。それだけに、アメリカの一方的な決定ではないかとか、アメリカは単独行動に走っているなどといった批判は、その当時にはまだ少ない。多国籍軍も、その主力部隊が米軍によって構成されていたとはいえ、「多国籍」には違いなかった。

冷戦が終結すれば軍事力がアメリカに片寄り、アメリカ一極の世界が生まれるのではないか。そんな暗い予測をするものもあったが、この時点では多数とはならなかった。冷戦が終結し、半世紀も続いた世界の分断がやっと終わったというよろこびが、暗い予測を押し隠していた。

だが、湾岸戦争が終わっても、イラクのフセイン政権は倒れなかった。アメリカ政府は、国連決議を根拠としたイラクへのミサイル攻撃を繰り返す。攻撃を行うたびに、国連決議による授権は名目的になり、攻撃を行う前の各国との事前協議も減っていった。軍事行動に関する限り、アメリカの単独行動主義への傾斜は、(現在の)ブッシュ政権が発足する前から生まれていたというべきだろう。

二〇〇一年九月、世界貿易センターなどへの同時多発テロ事件が発生すると、湾岸戦争当時を上回る国際協調が実現する。今度はロシアばかりでなく中国、さらにパキスタンでさえ、テロ行為を厳しく批判し、テロ行為に対抗してアメリカが武力行使を行うことへの支持も与えた。湾岸戦争では、イラクの侵攻から多国籍軍の作戦展開までに五ヶ月を要したが、アフガン戦争の場合、テロ事件からひと月も経たないうちに空爆が始まっている。

テロ行為への国際的非難は珍しくないが、テロに対抗して戦争を起こすことが国際的な賛同を得ることはきわめて異例である。テロに反撃する手段として空爆が国際的に認められたことは、これまでにない。どれほど被害が大きいものであっても、テロ行為は刑事司法の領域で解決すべき問題として捉えられ、戦争による対抗は正当なものとは認められていなかった。その軍事行動が国連の授権や決定を度外視したものであれば、なおさらのことだ。

だが、テロ行為に対抗する武力行使は、ほとんど直ちに、無条件の支持を世界各国から獲得する。もちろんこの反応は、テロ行為としても九月一一日事件が空前の規模に及ぶ大量殺人であること、そしてアメリカ市民ばかりでなく各国国民も、そのようなテロの暴力の潜在的被害者であり、そのような行為が将来繰り返されてはならない、と考える点で一致していたことによるものだろう。

それが一般市民への大量虐殺を容認できないという認識のために生まれた各国政府の支持であることは、間違いのないところだろう。だが、ここで見逃してはならないのは、ワシントンと異なる政策を採用する余地がほとんどの政府にはなかった、という現実である。テロへの対抗には制裁もやむを得ないという現実主義ではなく、ワシントンに逆らう選択は非現実的だという現実主義が、この政策判断の背景に覗いている。国際協調というよりは、追随と呼んだほうが実情に近い。

アフガンでの軍事行動が一段落した二〇〇二年一月、ブッシュ大統領は議会での一般教書演説において、北朝鮮・イラン・イラクの三国を「悪の枢軸」(正しくは「邪悪(evil)の枢軸」と訳すべきだろう)として取り上げ、この三国が「武力によって世界平和を脅かしている」と非難した。冷戦終結から一〇年を経て、世界を友と敵に二分する声明がワシントンから再び発せられたことになる。国務省官僚や各国のアメリカ大使館は、これはテロ行為を容認する政府には強い姿勢で臨むという趣旨の発言であり、北朝鮮などの諸国と交渉する機会を否定するものではない、などと説明を補ったが、発言そのものには訂正を加えていない。

アメリカの安全と世界の安全をほとんど同じものとする点だけをとっても、この演説にはまるで外交的配慮が欠けている。さらにここでは、公式声明としては異例なほど、宗教的表現が用いられている。テロとの戦いは宗教的寛容を擁護するために必要なのだと述べたすぐあとで、「悲劇のうちにも……悲劇の時にこそ……神はそばにいるのだ」という言葉が続いている。

ここでは、アメリカ国内の社会通念や価値観が、当たり前のように表現されている。いや、それればかりではなく、アメリカ国内をとっても、その一部にしか見られない社会通念や偏見が、大国の外交政策として公然と表明されたのである。

この、各国との相談もなしに打ち出された世界規模の闘争の予告に対し、「悪の枢軸」と名指しで非難された諸国が反撥したことはいうまでもない。だが、ほかのほとんどの国は、表だった反応を示さなかった。

他国を邪悪のように見なす声明は、国際関係の伝統的なあり方から大きく離れている。利害が対立し理念や信条のうえで相容れない相手との間でも、交渉を通じて自国に有利な条件を引き出すのが、伝統的国際関係における外交の基本だった。そのような古典外交の原則を踏まえ、フランスやドイツはねばり強くイランとの関係改善を図り、実績も上げてきた。また、金大中政権の下の韓国では、太陽政策とも呼ばれるような北朝鮮との対話が試みられてきた。

これらの諸国にとって、イランや北朝鮮を「邪悪」視したり「枢軸」に加えたりする発言は、外交政策を妨げる障害にしかならない。ところが、アメリカの大統領の発言によって外交努力の成果をつぶされたにもかかわらず、各国はその発言を受け入れるほかはなかった。対外政策においてアメリカと他の国とではどれほど影響力が異なるのか、そして、アメリカ以外の諸国にとって、とることのできる外交政策の選択肢がどれほど限られているか、この事例ひとつを見ても、残酷なほど明らかだろう。

アメリカが主導し、各国が従う。誰がボスで誰が従うのか、それがはっきりとした世界が生まれている。国際政治の秩序として普通に語られるような国家の体系のなかには、ボスは存在しない。というよりも、各国がボスの地位を求めて争うのが国際政治の特徴だったはずだ。しかし、現在の世界では、アメリカ政府の保持する権力は他のどの国ともかけ離れており、アメリカ政府の決定から離れることは直ちに不利益を招くような状況がある。国際組織がアメリカ政府の決定を拘束することも乏しい。アメリカ政府と国連の現状を比べれば、どちらが指導しどちらが従うのか、疑う余地がないだろう。

私たちが目の前にしているのは、それぞれが独立した国家によって構成された国際政治でも、また世界各地の民主政治と市民社会が結びついて築かれたユートピアでも、そのどちらでもない。各国の独立が名目のものとなり、民主政治が軍事介入を正当化するための飾り言葉になっていないと、誰が言えるだろう。

そこに残されているのは、他国と比較にならない権力を保持する大国による支配である。本書では、帝国という概念を鍵として用いながら、各国に権力が分かれた世界から、ある国家に権力が集中する世界に変わることで、何がどう変わり、どう変わらないのか、考えてみたい。

目　次

第一章　帝国としてのアメリカ

なぜ帝国か

本書では、アメリカへの権力集中を捉える言葉として「帝国(empire)」概念を用いる。冷戦後のアメリカの地位を指す言葉として「超大国」とか「覇権国家」などという言葉が多く使われている現在、わざわざこの古風な観念をなぜ持ち出すのか。その理由をひとくちでいえば、帝国が戦争を戦い、戦いこそが帝国の正義を支えるという、軍事大国としてのアメリカが持つ古典的な特徴に焦点を当てるためである。

アメリカ政府を非難するために帝国という言葉を使い、アメリカの「帝国ぶり」をなじること、つまり、先に相手の顔を黒く塗ってからその黒さを責めることは、私の目的ではない。帝国とは、政府や政策の評価ではなく、現代世界における力の分布と力の行使を捕まえる観念だからである。だが、こういっても納得しない人が多いだろう。帝国という用語は、もうそれだけで価値判断や偏見を伴うことが多いからだ。

確かに、少なくとも第二次大戦後に限っていえば、帝国という観念は決して肯定的な意味で用いられるものではなかった。「帝国主義」は「ファシズム」と並んで、左翼運動がその敵とする勢力に浴びせる、罵倒のような言葉だった。ましてアメリカと帝国とを結びつけた表現は、もうそれだけでアメリカ政府や企業の行動を非難する結論を連想させ、客観的な分析を妨げてしまう可能性もある。

帝国観念に伴う問題は、結論を先取りする危険ばかりではない。帝国という言葉が巨大な権力を想定させるために、「帝国」と呼ぶだけで、その国家の権力を過大評価したり、他の諸国への影響力を誇大に捉える可能性がある。帝国と名指しされた国家が生まれることで、他の諸国の選択肢は極度に小さなものと目され、無力感さえ生みかねない。

他方、戦後の世界をとっても、アメリカが他の国とは隔絶した権力を持っていることは明らかだった。その状況でアメリカを他国と同列の「国家」として扱うことは、その権力を過大視することと同じように失当だろう。

冷戦期には、世界戦争を戦う能力を持った国家としてアメリカと並んでソ連が挙げられ、二極構造という言葉が用いられた。米ソ二国に関する限りでは、同列に並ぶ国家間の権力闘争という面があった。それだけに冷戦は、大国がその存続を求めて対抗し、牽制しあう、伝統的な国際関係の延長として捉えられることが多く、圧倒的なパワーを持つ大国が世界を支配していると把握されることは少なかった。超大国(superpower)という言葉も、米ソの両方を指す言葉として使われていた。

もっとも、冷戦時代にあっても、アメリカとその同盟国の関係に目を向ければ、どう見ても同列の国家の構成する国際関係ではない。「西側諸国」の間の経済外交が研究対象としてクローズアップされた一九八〇年代以後は、その分野におけるアメリカの突出した影響力を計る概念が必要となった。そこで持ち出されたのが「覇権(hegemony)」概念である。

日本語では帝国に優に匹敵するほど裸の力のイメージが強いこの言葉も、英語では否定的な含みが少ない。どちらかといえば「覇道」よりは「王道」のニュアンスに近い言葉だといえるだろう。その覇権、あるいは覇権国家概念を駆使して、覇権国家が存在することで世界に公共財が供給されるという「覇権による安定」論が一九八〇年代の国際関係論をにぎわせることになった。

覇権概念は、アメリカと他国の間に開いた権力の格差を認識する点で、これまでの国際関係論で使われた概念にはないものだった。その骨子は、国際経済におけるアメリカの相対的な優位が保たれた覇権下の時代には国際経済が安定していたが、優位が失われた七〇年代以後は不安定に向かった、という議論である。大国の優位があればこそ秩序も安定するという論理構成は、「力の均衡」による安定を模索する伝統的現実主義論とはまるで異なるものだった。

覇権概念が用いられるのはなによりも国際政治経済論であり、こと安全保障についてはアメリカの覇権に注目するよりも、大国の拮抗から分析する現実主義のほうが主流となっていた。だが、冷戦終結とともに、国際政治と国際経済の両面でアメリカが圧倒的な優位を獲得する。超大国に分類される国家はアメリカのみとなり、「ただひとつの超大国」などという表現も生まれた。「恵み深い覇権国家」という自己規定も生まれた。

こうしてみると、冷戦期から冷戦後にかけて、アメリカの他国に対する優位を踏まえた概念構成への緩やかな変化が、国際関係論という分野のなかに生まれたことがわかるだろう。覇権という概念は、アメリカの影響力において軍事力の占める役割を十分に捉えていない。それどころか、各国の需要と支持を背景としたからこそ覇権が成立した、という含みを伴うこともある。この言葉に含まれているような「他国のために公共財を供給するアメリカ」というイメージは、自国の国益を確保するために各国の政策を操作するという、帝国の苛烈な支配が想起させるイメージとは、およそ相容れないものだ。

集中した権力が狭い利益のために駆使されるのか、それとも広く公共的な役割を担うのか、その方向はひとつには定まらない。それだけに、巨大な権力のもつ肯定的な側面に注目して覇権概念を用いるのなら、それは覇権を否定する目的で駆使される概念と同じように、片寄った立場を表すことになるだろう。また、「ただ一つ」という形容詞が付されるようになったとはいえ、「超大国」概念は冷戦期の二極構造と結びついて用いられてきた経緯があり、ひとつの国家への権力集中を捉える用語としては適切とはいえない。

伝統的な諸国家の対抗とは異なる権力集中を捉える言葉として、これまで国際政治のなかで用いられてきた用語は何かといえば、やはり「帝国」である。また、超大国という形容だけでは、その超大国の存在が国際政治の仕組みをどう変えるのか、それだけでは見えてこない。本書で、覇権国家や超大国という概念ではなく帝国概念を用いる理由は、ここにある。

だが、社会科学の多くの概念と同じように、その「帝国」も実にさまざまな意味で用いられてきた概念である。やや煩雑ではあるが、その帝国の多様な意味と、それぞれの意味が持つ現代性について、まず確かめておこう。

帝国の四つの顔

帝国という言葉は、およそ四つの意味、すなわち強大な軍事大国、多民族を支配する国家、海外に植民地領土を保有する国家、そして世界経済における支配的勢力、という意味で用いられてきた。その意味あいには違いがあり、「帝国」と呼ばれる国家もそれだけ多様になってしまう。ただ、どの用法を見ても、帝国という国家や現象は、過去のできごとと結びつけて用いられている。順を追って見ていこう。

まず歴史の教科書でおなじみの、他の国家を圧倒するほど広大な領土と人民を支配する国家としての帝国がある。

かつてのローマ帝国、あるいは漢や唐などの中国王朝は、いずれもその地域において、その権力に対抗できるような国家がまわりには存在しなかった。後年における植民地帝国のように、どこまでが本国でどこまでが植民地かという区別は、二次的なものに過ぎない。中心から周辺に向かうにつれて統制力が弱まり、地方権力の自立性は高まるとしても、その中心と周辺を合わせた領域が帝国の勢力圏を構成するのである。

強大な帝国の下では、「力の均衡」は、少なくとも帝国の権力に対抗する形ではあり得ない。力関係が支える平和ではなく、帝国の保持する権力が大きいために平和が支えられることになる。

そして教科書どおりにいえば、帝国の終わりが近代国際政治の始まりを告げることになる。一六四八年、三十年戦争の終結とともに、キリスト教を奉じるローマ皇帝の下にヨーロッパの統一をめざすという秩序構想が、最終的に断念されたからである。

確かに、神聖ローマ帝国はローマどころかその領土の統一さえかなわず、中世ヨーロッパは国王、諸領主、都市、宗教集団から農民結社に至るまで、それぞれが武装した小集団に分裂して争いを繰り返した。だが、そんな大小の実力者たちが神をも恐れぬ戦争を繰り返すことは、ヨーロッパでも正常と考えられていたわけではない。ローマの復興による平和の回復というイメージは、どれほど実情とはかけ離れていても、中世末期に至るヨーロッパの秩序の原型であった。

だが、宗教戦争が生み出した荒廃のなかでは、宗教とか正義などの高邁な目標を追求するまえに、まず破滅的な戦乱を停止するほうが先だった。治国平天下のような秩序を目指すのではなく、実力者の割拠という事実を追認し、そのなかでの安定が模索されることになる。帝国秩序ではなく、国家間の競合と均衡を特徴とする世界がこうして始まる。正義と帝国を追放することで、国家の構成する世界としての国際関係が生まれたのである。

国際政治では、帝国は存在しないばかりか、排除すべき対象でさえあった。強大な大国が生まれたなら他国の存立は脅かされるだろう。そこで各国は同盟を組んで対抗し、その大国の野望を挫き、当初の均衡を取り戻すことになる。伝統外交におけるほとんど唯一の秩序観念ともいうべきこの「力の均衡」観念は、その出発点でいえば、帝国の誕生を阻止するために作られた仕組みに他ならなかった。

そして実際にも、三十年戦争後に生まれた帝国は、ナポレオン帝国であれナチス・ドイツであれ、他国の同盟との軍事的対抗の末に消え去った。さらにヨーロッパ世界が非西欧世界への支配を強めた結果、その「国際関係」も非西欧世界を席巻し、専制支配を行う帝国が非西欧世界からも消えてゆく。ヨーロッパの内でも外でも、帝国秩序が国際関係に置き換わっていった。この限りでは、古典的な世界帝国とは三〇〇年以上も遡る歴史的現象に過ぎない。

帝国の第二の意味は、特定の民族を基礎としてつくられた国民国家とは対極に立つ、多民族の居住する領土を支配するヨーロッパの帝国であり、ヨーロッパ世界における国民国家の形成が進んだ時代になってから初めて意味を持つようになった用語法である。

もともと皇帝の臣民が特定の民族集団に限られる必然性などはなく、一八世紀であればどの帝国も多民族から構成されるのが当たり前だった。実効的な支配さえあれば国民国家か多民族支配かは問われない時代から、国民国家こそが正当性を認められる時代へといつ変わったのか、その転換点を明示することは難しい。だが、イタリア統一とドイツ統一という、二つの国民国家を樹立する洗礼を経験した一九世紀後半のヨーロッパにおいて、国民国家を正当な政体として捉える認識が広がっていったとはいえるだろう。

ハプスブルク朝やロマノフ朝、また、ヨーロッパ世界にとって「他者」とはいえオスマン朝などに見られるような、王朝名を国名として掲げる帝国は、その多民族性のために、時代遅れになってしまう。かつてのように伝統と権威を誇る存在として畏怖されるのではなく、「国民国家」への衣替えを終えていない、過去の遺物として見なされることになったのである。

多民族支配は、帝政が専制支配に傾く原因をつくるものとして考えられていた。国民国家が本来の政治のあり方だという考え方の裏には、国内のナショナリズムを押さえ込むためには暴力に頼るほかはない、多民族を支配する帝政は諸民族の牢獄だ、という判断があった。この考えをさらに進めると、多民族によって構成される帝国は、まさにそのために内部に矛盾を抱えており、長続きはしない、という判断が生まれる。そして実際にも、第一次大戦の後は多民族を擁する帝政が崩壊へと向かってゆく。ロシアやオーストリアのような多民族支配としての王朝と帝国も、歴史からは消え去ったのである。

第三の帝国概念が、植民地支配である。帝国研究ということばが植民地統治の研究を指すことからもわかるように、私たちが「帝国」というときに今でも真先に思い浮かべるのは、植民地を支配する欧州列強のイメージだろう。

一九世紀のイギリスやフランスは国民国家への衣替えを一応はすませ、その意味で、伝統的なヨーロッパ帝国からは脱却していたが、ヨーロッパ世界の外には広大な領土を抱え、植民地帝国としての顔も持っていた。本国は国民国家でありながら、海外では異民族を支配するという二重構造が、伝統的な帝政から近代の植民地帝国を区別する分かれ目となっている。

本国では市民の政府を実現しながら、国外では民族自決を否定するのだから、この二重構造は本来矛盾を孕んでいる。本国で自由主義が台頭すればするほど、その影響を受けた知識人が海外で独立を求めることは避けられない。植民地統治に伴う二重性のために、植民地における政治的独立要求の高まりとともに統治の危機が訪れる。

その他方では、植民地統治に必要な財政支出が、これまでになく高いものになっていた。実効的統治を保持するためには、軍事・警察といった社会統制の費用ばかりでなく、港湾設備の維持などをはじめとした、インフラストラクチャーのための投資、さらに徴税のための行政コストに至るまで、いかに本国に比べて安上がりとはいえ、政府を支えるための支出が必要となったからである。すでに時代は、植民地のような政治的・軍事的に囲い込まれた市場ではなく、自由貿易の下で市場を拡大する方向に移っていた。かつて征服者たちが縦横に略奪した時代とは違って、植民地統治は財政的に引き合わない政策になろうとしていたのである。

第一次大戦後の二〇年間に限っていえば、欧州列強諸国は民族自決要求を限られた地域に辛うじて押さえ込むことに成功したものの、第二次大戦後になると植民地統治を続ける軍事的・財政的条件を失い、領有を放棄せざるを得なくなった。そして植民地支配が解消されるとともに、帝国観念も、ほぼ決定的に過去へ駆逐されてしまう。異民族統治が政治的には不正と見なされ、経済的にも不利益となる時代を迎えたからである。

さて、植民地帝国が終幕に向かった第二次大戦後になっても、「帝国主義」ということばは残った。それは、政治的支配のあり方ではなく、経済秩序を指す概念として、このことばが用いられたからだ。

そもそも社会民主主義者やマルクス主義者たちの用いる「帝国主義」概念は、必ずしも植民地支配を指す用語ではなかった。一九世紀末における植民地統治の拡大がその議論を生み出すきっかけになったとはいえ、ホブソンやレーニンなどの唱えた帝国主義論は、植民地支配という政治権力の行使ではなく、その背後にあると彼らが考えた資本主義の形態を捉えることに焦点を置いていたからである。それだけに、植民地支配が過去のものとなろうとしていた第二次大戦後の世界に入っても、現代資本主義分析の流派の一つとして、帝国主義論はなお影響力を保つことになった。

だが、ローマ帝国、ハプスブルグ帝国、あるいは大英帝国などを指すときの「帝国」とは異なって、帝国主義論における「帝国」には、いつも抽象的なわかりにくさがつきまとった。帝国というからには誰かが権力を持ち、何らかの社会や集団を支配するという政治権力の行使が、どこかで想定されているはずである。ところが、帝国主義論において問題とされるのは、資本主義の形態としての「帝国主義」という構造だった。そこでは、いったい誰が誰を支配しているのか、はっきりしなかった。

どの列強も植民地統治に訴えた時代には、それでも「帝国主義」は具体的な対象を指していた。だが、植民地統治に頼らない政府を帝国とか帝国主義勢力などと呼ぶためには、市場経済において政府が持つ影響力を政治権力の行使として読み替える概念操作、つまり市場経済そのものを帝国主義と定義するような概念構成が必要となる。

資本主義に代わるべき経済が実現する可能性を確信するコミュニストを別とすれば、これはやはり、極端な概念操作というべきだろう。指令型計画経済の惨状が伝えられるとともに、資本主義経済に代わるべき経済秩序の信用も衰え、市場経済の別名として「帝国主義」概念を用いる人も、次第に減っていった。

こうしてみれば、圧倒的な軍事大国としても、多民族支配としても、植民地帝国としても、あるいは「帝国主義」勢力としても、帝国という観念は過去に属するものとなったように見える。だが、そうだろうか。アメリカに焦点を当てて、これら四つの要素を、今度は逆の順番から振り返ってみよう。

グローバル化と帝国

冷戦後の世界秩序を捉える切り口として、いち早く注目を集めたのが経済の領域だった。米ソ冷戦が終わろうとする一九八〇年代後半は、世界貿易体制が再構築され、WTO（世界貿易機関）のような世界的機構と、NAFTA（北米自由貿易協定）やAPEC（アジア太平洋経済協力）をはじめとする地域機構とが相次いで設立される時期と、ちょうど重なっている。

社会主義諸国における計画経済が資本主義へと移行するとき、ヨーロッパの社会民主主義政権は市場への介入から撤退し、発展途上国でも経済の規制緩和が進められていた。このような、世界市場がこれまでにない統合を達成する状況を捉えるために、グローバル化ということばが用いられていった。

グローバル化(globalization)に関する業績はさまざまな方向を向いており、議論の集約は難しい。だが、その一極に、世界経済の総体を階層秩序として捉える視点があることは間違いない。

この考え方に従えば、工業生産の体系が世界を網羅し、通貨金融取引における国境が取り払われることによって、世界全体における富の集中と格差の拡大がもたらされた。世界全体の格差と搾取に注目する点で、この型のグローバル化論は、一九六〇年代から七〇年代にかけて盛んに行われた、かつての新植民地主義論や従属理論の延長線上にあるものといえるだろう。発展途上国が先進工業国によって経済的に搾取を受けており、そのために先進工業国では資本が蓄積され、発展途上国では低開発が続くのだ、という分析である。この見方からすれば、世界経済の中枢という経済的な位置のために帝国が成立する、ということになる。

そして実際にも、過去二〇年間にわたる各国経済の新自由主義への軌道修正の結果、世界の豊かな地域と貧しい地域との間で、また各国の国内において、貧富の格差が再び広がっている。アメリカ経済も七〇年代の停滞から立ち直り、大戦直後のような「アメリカを中心とする経済」が復活したようにも見える。

かつて従属理論などへの反証として、先進工業国を上回る速度で発展途上国における工業化が進んできたという事実が指摘されてきた。だが、いまになって見れば、新興工業国の台頭と

「アメリカを中心とする経済」は、相反するどころか、お互いに補完しあう現象に過ぎなかったことがわかるだろう。市場経済の制度やルールを形成する上で、ワシントンの影響力はいまなお決定的だからだ。

経済活動における国境の相対化と世界市場の統合が進んでいることは間違いがない。問題は、その巨大な経済の世界的統合を、それぞれの政府の政策とどう結びつけて議論するのがよいか、という点にある。「アメリカを中心とする経済」と「アメリカ政府の影響力が大きな世界」との間には、因果関係も重なりもあるだろう。だが、両者を同じものだといってしまえば、具体的な政府や制度の役割もどこかに消えてしまい、かつてのマルクス主義者たちが陥ったような経済決定論に傾いてしまう。世界市場の構成を捉えるだけでは、現代世界における政治権力の構成を説明できないのである。

その例外ともいえる著作が、帝国観念を社会科学に取り戻した業績ともいうべきハートとネグリの『帝国』である。ここでは、トゥキュディデスやタキトゥスにまで遡って帝国観念の再構築が行われており、それだけに世界経済を権力行使に読み替えるような乱暴な議論は行われていない。世界市場の統合や、富の分布と流ればかりでなく、そのような経済統合を支える制度の成り立ちにも関心が払われているからだ。

ハートとネグリにおける帝国の形成とは、資本の流れに加えて情報の流れを握り、その資金と情報のネットワークに個々の主権国家を組み込んでゆく、世界規模の過程である。ここでの帝国とは、アメリカ政府などの特定の国家や政府ではなく、統合された世界市場の運営にあたる政府と国際機構とを合わせた総体を指している。その意味で、ハートとネグリの帝国とは、ヴァラダンが『自由の帝国』で論じたような、市場主義・グローバリゼーション・情報化の三つの柱から構成された「世界規模の「民主主義帝国」」とほぼ重なるものだといえるだろう。

だが、ヴァラダンと同じように、ハートとネグリも市場原理が貫徹する過程として帝国を捉えており、そのために政治・軍事領域に属する具体的な紛争などの解釈も、経済的動機づけに片寄ってしまったきらいが残る。たとえば、アメリカ史における憲法制度の伝統とアメリカ外交における国際制度の構築を結びつけた考察など、アメリカと世界との関わりを捉える視点も打ち出されているが、そのような魅力的な指摘が、ネオ・マルクス主義の概念のなかに埋もれてしまっているのである。

そもそも世界経済と帝国は、どんな関係に立っているのだろうか。ウォーラーステインの『近代世界システム』では、両者は対抗関係に立つものとして捉えられていた。近代以前の世界帝国は、軍事的支配に頼るために内部崩壊を避けられなかったが、近代資本主義は、市場における交換を通じて収奪することによって、過大な政治権力の行使や財政負担なしにシステムを支えることができた、と考えるからだ。ここでは、経済は一つの市場に統合されてゆくが、政治権力は多元的に分かれていることが「近代世界システム」の特徴とされていた。

経済的には一元化しつつあるが、政治の中心はたくさんあり、政治権力は多元的だという概念把握は、現在のグローバル化論にも引き継がれているように思われる。統合が進むのは市場であって政府ではない、と考えられているからだ。

それでは、現代世界は本当に政治的に多元的なのか。政策の選択肢が狭められているのは経済政策だけだといえるだろうか。たとえば、九月一一日事件以後の各国政府の置かれた状況を考えるとき、世界経済のグローバル化だけによって、各国政府の選択肢をどこまで説明できるだろうか。グローバル化の分析は、市場経済における権力の問題ばかりでなく、国際関係における権力の分布と構成にまで対象を広げなければならない。政治的多元性という大前提が疑われるからこそ、帝国という観念を用いる必要も生まれるのである。

地域介入の系譜

アメリカに住む人の多くにとって、アメリカを帝国と呼ぶことは、とんでもない悪意か中傷のように聞こえるだろう。植民地統治の有無を帝国かどうかの判断基準にするのなら、アメリカを帝国とは呼べないからだ。それどころか、アメリカのなかから見る限り、アメリカとは世界を帝国支配から解放した存在に他ならない。独立戦争によってイギリスから独立を勝ち取って以来、専制支配と異民族統治に対抗し、世界各地における非植民地化と国家形成を手助けしてきたではないか。帝国が専制支配であるとすれば、世界に自由と民主主義を広げてきたアメリカとは、帝国の対極ではないか。アメリカこそが帝国の時代に終止符を打ったフリーダム・ファイター、自由の戦士だ、という議論である。

この見方には一理ある。まず、アメリカは海外市場を植民地として囲いこもうとしてはこなかった。イギリスやフランスが海外に領土を広げ、それを本国経済専用の市場として保護しようとしていたときに、門戸開放と自由貿易を唱えて立ちはだかったのがアメリカだった。私的所有と財産権の擁護を革命の理念の一つとしてきたアメリカにとって、植民地化による市場の確保は、自由経済に比べて「遅れた」政策であった。アメリカ本国の市場については国外との貿易から保護すべきだという主張が強かったとはいえ、植民地なしに経済が成り立たないという議論は、アメリカでは少数説だった。アメリカが、植民地経営と保護主義ではなく、自由貿易を国際経済の原則に掲げたことは、まず否定できないだろう。

そして何よりも、アメリカは海外領土を求めていない。帝国が軍事力によって領土拡大を図るものだとすれば、アメリカをそのような帝国に加えて考えることはできないのである。第一次大戦への参戦にあたっては、民族自決の原則を掲げた。第二次大戦後にイギリス、フランス、さらにオランダなどが海外領土の回復を試みたとき、それを阻んだのもアメリカだった。二〇世紀に入ると、ローマやイギリスをはるかに上回る兵力を持ちながら、その兵力は短期間の集中的な軍事介入に用いられ、第二次大戦以前までは海外で常駐する兵力も少なかった。

一九世紀末期、ことに米西戦争の後はキューバやフィリピンなどを領有するなど、遅れてきた植民地帝国としてアメリカが台頭した時期もある。だがそのような植民地獲得には国内の批判も強かった。キューバはいち早く手放し、激しい独立運動に直面したわけではないフィリピンに対しても将来の独立を承認した。軍事基地の確保には早くから熱心だったとはいえ、領土拡大の野心からアメリカの対外政策を説明することには、やはり無理が残る。

第二次大戦後は、ソ連とともに植民地独立を支援する側に回り、そのためにイギリス、フランス、オランダなどとの軋轢も招いている。植民地を獲得するどころか、非植民地化を進めるのがアメリカだった。

だが、海外に領土を求めないからといって、政治的影響力がその領土のなかにとどまるとは限らない。むしろ、公式の領土支配だけを「帝国」と呼ぶとすれば、大国による対外的影響力の多くを社会科学のカテゴリーから外してしまう危険も生まれてしまう。

帝国についての概念的な定義としては、マイケル・ドイルが『帝国』で行ったものが参考になるだろう。ドイルは、ある政体が他の政体の国内・対外政策、さらに国内政治の仕組み全体に対して政治的にコントロールを加え、その結果、誰が支配者となりその支配者が何をできるのかが、その国の外から統制される状況を捉え、これを帝国と定義した。ドイルは、統制する側の政体をメトロポール、統制される側をペリフェリーと呼んでいる。単純化していえば、権力者の選任と権力者の行動が国外から操作される状況、といってよい。

この定義は、領土的支配を帝国の定義に加えていない。実際、ドイルの帝国概念には、植民地支配のような「公式の帝国」と、直接統治は行わない「非公式の帝国」の両面が含まれている。前者は地方エリートの協力を伴う植民地総督の統治として、また後者については、法的には独立しているものの政治的にはメトロポールに依存する地方エリートの支配、と定義されている。つまり、前者は領土にするが、後者は領土に組み入れないということである。ドイルの概念整理を踏まえていえば、アメリカと世界の関わりとは、「非公式の帝国」そのものだった。国際政治におけるアメリカの独自な特徴は、直接に統治する植民地をほとんど持たないにもかかわらず、アメリカ本土を上回る広大な地域に対して影響力を保持してきた点にあるからだ。それを支えるのが、大英帝国を凌駕する規模に及んだ世界各地に置かれた軍事基地のネットワークと、アメリカ政府の決定に基本的に同調する同盟国の一群であった。

各国がアメリカに従うのは、アメリカ政府の政策が各国に支持され、頼られているからだ、帝国支配どころか、世界の指導者として信頼を得ている証拠ではないか、という人がいるかも知れない。確かに、領土として支配されてはいない以上、大国によって主権国家の決定が拘束されることはないということもできる。

だが、植民地でなければ自由な政策決定ができるというわけではない。しかも、世界政治にアメリカが影響力を持つべきだ、アメリカの影響力があればこそ世界秩序も安定するのだという判断が、少なくとも第二次大戦後にはアメリカ国内に広く受け入れられていた。そのような判断は、国外の諸地域への政治介入を是認する態度も生みだすことになる。軍事介入に限ってみても、第二次大戦後にアメリカの行った世界各地への軍事干渉と戦争は、実に数多い。直接統治や介入の長期化は極力避け、まさに帝国を「非公式」なものにとどめる努力を払う一方で、アメリカ政府の基本原則や戦略的利益とは一致しない政府や体制には承認を与えない。それどころか、可能であれば、外部からの間接直接の介入によって倒してしまう。独立を認めつつ介入を辞さないというこの構図こそが、アメリカを帝国として捉える鍵になるといえるだろう。

各国の政治的独立を認める限りでは植民地帝国ではないが、意に反する政府を倒すことを辞さない点では、紛れもない帝国としての相貌もそなえている。この植民地なき帝国としての二面性に、大戦後のアメリカと地域との関わりが表現されている。

多民族の共存

アメリカ外交の特徴の一つは、普遍主義の表現である。領土や資源などの具体的な利益が追求される場合でも、そのものとして政策が正当化されることは少ない。利権の確保にも普遍的な理念による正当化が求められるのである。もちろん、そこには国内世論に向けた宣伝としての側面がある。だが、世論の支持が欠かせない他の民主主義国でも、アメリカほど理念によって対外政策を正当化する政府は珍しい。

それでは、なぜアメリカの場合は国際関係における理念が繰り返し表明され、重視されるのだろうか。そこには、普遍主義的な制度によって多文化と多民族の共存と統合を絶えず支え続けなければならないという、アメリカ特有の事情を見ることができる。

ヨーロッパにおいて多民族支配を続けてきたハプスブルク朝やロマノフ朝が倒れた後も、帝政に頼らない多民族支配は世界に残されていた。そのもっとも重要な二つの事例が、ロシア革命とともに統治機構を刷新したソ連と、それ以前から奴隷制と移民受け入れを通じて多民族性と多文化から構成される社会を築いてきたアメリカである。

専制支配に頼ってナショナリズムを押さえ込んだ旧世界の帝政とは異なり、ソ連もアメリカも、多民族の共存を保障する世俗的制度を、少なくとも法文のうえでは持っていた。ことにアメリカは、ヨーロッパがナショナリズムとデモクラシーの時代を迎える一九世紀後半より一世紀も前に、政治的自由を原則とする政治体制をつくり上げていた。アメリカは民族を基礎としない国家として出発したのである。

アメリカを考えるときに重要なのは、それがヨーロッパに見られるような古い国民、つまり、言語や習俗を共有するコミュニティーではなく、理念を共有することで構成された市民社会を基礎としていることである。リプセットの表現を借りれば、最初に生まれた新しい国民(first new nation)がアメリカだった。

しかし逆にいえば、「アメリカ国民」という観念は、特定の民族性や言語、宗教などによって支えることもできない。単なる民族の牢獄ではない多文化の共存を保持する制度を作ったからこそ、その多様性の統合を支えるためにも、普遍的な理念を絶えず確かめ、政治社会の統合を支えなければならない。正義やイデオロギーに訴えることなしには、政策の正当化が得られないだけでなく、社会統合も脅かされてしまう。民族という基盤に頼れない事情が、普遍主義への依存と政治のイデオロギー化を招くのである。

さて、ナショナリズムには境界があり、何らかの民族集団を主体とすることはいうまでもない。だが、自由な市民という原則から政府をつくるときは、どのように境界を定めることができるだろうか。自由主義によって政治社会を定義すれば、その社会の外延や境界は、その原理が普遍主義的なだけに、直接決めることはできない。どこで自由が終わり、どこで市民が終わるのか、市民の社会というだけでは国境は定まらないのである。

国際政治における権力の主体とは、なによりも個別の政府であり、その政府が「国民」を代表しているという擬制に頼っている。しかし、デモクラシーという観念からは、「国民」によって世界を分断し、国民ごとに政府をつくるという世界は見えてこない。合衆国憲法が「われわれ人民」で始まり、ゲティスバーグ演説が「人民の人民による人民のための統治」を唱えたように、アメリカのデモクラシーの主体は、「人民」であり、「われわれ」である。

もちろんその「人民」とは、実際にはアメリカ「国民」を指している。しかし、その「人民」は、「民族」のような共同性を前提としてはいないために、限りなく個人に分解することもでき、また「国民」としての外延が明確ではないことから、とめどもなく主体を広げることもできるだろう。合衆国政府の支配地域に住む人々に限られるのか、それとも世界の人々に広がるのか、この理念だけでは「人民」の境界が見えないのである。

それでは、アメリカはどこで始まり、どこで終わるのか。より正確にいえば、どこで「アメリカ」が終わり、どこから「アメリカではない世界」が始まるのだろうか。この微妙な問題を考えるために、テレビ番組『スタートレック』を取り上げてみよう。

いうまでもなく『スタートレック』とは、二三世紀の未来を舞台として、宇宙船エンタープライズ号が調査飛行を続け、そのなかで異文明と出会う、というSF活劇である。だがこのエンタープライズ号は、どの国に属する誰の船なのだろう。

エンタープライズ号は、惑星連邦に所属する宇宙船とされている。だがその名前はUSSエンタープライズであり、USSという呼称の示すように米海軍に所属している艦船にほかならない。米軍と惑星連邦はどのような関係に立ち、アメリカ政府と惑星連邦の間にはどのような協定や合意があるのか。そんな問題はとりたてて議論もされないまま、惑星連邦の宇宙船が、何の不思議もなく、アメリカ海軍の船名をつけて航行している。

エンタープライズ号における乗組員の構成も、惑星連邦を反映しているのか、アメリカ社会を反映しているのか、はっきりしない。放送されたシリーズによって乗組員は何度か変わっているが、一九六六年から放送されたもっとも有名な「宇宙大作戦」の例で見れば、ケネディのような相貌のカーク艦長はアングロサクソン系の白人、ドイツ系ユダヤ人のカリカチュアのような顔をした、感情を持たずに論理だけで行動する副長のスポックは、地球人とヴァルカン人の混血、このほかに白人医師や機関部長、日系人の操舵士官、黒人女性の通信士官などが加わっている。

白人が多数派を占めつつも東洋人、黒人、女性が参加するこの構成は、異星人が参加していることを別とすれば、アメリカ社会の多文化・多民族性の縮図と呼んでも言い過ぎではない。そして、多元的なアメリカ社会を縮図にし、さまざまな人種・民族が加わっているだけに、これがアメリカ社会の反映なのか、世界の反映なのか、あるいは惑星連邦の構成を反映しているのか、少なくともアメリカの視聴者にとってこのことは問題ではなかった。アメリカ社会の持つ多元性のために、アメリカと世界の境界がぼやけているのである。

『スタートレック』が示すのは、多様な文化や価値観が認められ、出身や信条によって差別を加えられることのない、開かれた社会としてのアメリカである。そして、現実の世界に多様な価値があり、その多様な価値をアメリカが認める限り、「アメリカ」という小宇宙と現実の世界との間には必然的な壁は存在しない。民族や言語の違いによって設けられる国民国家の国境とは異なって、アメリカの国境は必然ではないのである。

アメリカがどこまで及ぶのかは、領土を併合するなどの膨張の問題であるよりも、誰をアメリカ人として認めるのかという、アメリカ国籍と参政権の規制の問題であった。現実にアメリカ国籍を持つ人々よりもアメリカ国籍を求める人のほうが多い限り、この構図が異様なものだと自覚される契機も、特にない。

ここに、普遍的原則によって政治統合を達成する社会が、まさにその普遍主義のために、「国内」と「国外」の壁を自覚しない、という現象が生まれる。国民国家がその権力を海外に及ぼすことは内政干渉であり、侵略とされるはずだ。ところが、アメリカのなかから見る限り、

「アメリカ」という自由の空間を外部に広げることは、内政干渉どころか自由の拡大であり、無謀な権力行使ではなく使命の実現だ、ということになる。

民族性ではなく、普遍的価値とそれを体現する制度によって政治権力が正当化され、そのために、権力に誰が従うべきかという政治的主体の定義はどこかに拡散してしまう。アメリカと世界が限りなく重なり合うこの構図が、帝国としてのアメリカの理念的基礎を形作っている。

軍事帝国と国際関係

これまでに見たように、帝国は過去の現象ではない。世界経済における影響力、世界各国への政治的影響力と地域介入の実績、さらに特定の民族性に依存しない普遍主義的な統合原理、そのどれをとっても、現在のアメリカには帝国としての性格があるからだ。

だが、軍事的優位という響きを外してしまえば、わざわざ帝国ということばを使う意味も少ないだろう。そして、世界のどの国と比べても並はずれた軍事力を保持し、他国から抑止される可能性は無視できるほど弱いアメリカは、ごく当たり前の軍事帝国という意味においてこそ、帝国という概念が当てはまるのである。

少し抽象的な議論になるが、国際政治の仕組みとしての帝国秩序をここで整理しておきたい。本書では、軍事力の国際的分布から帝国を捉え、特定の政府に軍事力が集中した状況を「帝国秩序」として考えている。この帝国秩序は、以下に述べるような一方的抑止、内政と外交の連続、そして軍の警察化という三つの点で、通常の国際関係とは異なった特徴を持っている。

まず、通常の国際関係では、各国がお互いに抑止しあう関係が成立するのに対し、帝国秩序では帝国による抑止はあっても帝国が抑止されることはない。戦争の脅威によってお互いに脅しあう国際関係とは異なって、帝国だけが軍事的恫喝を行うことができるのである。その結果、国内政治と国際関係を分ける壁が引き下げられる。内政不干渉原則を維持するために必要となる権力の基盤が失われ、各国の内政も帝国の決定に大きく左右されるからだ。

この一方的抑止と内政・外交の連続という二つの変化のため、軍事行動はかつての軍隊よりも、むしろ警察行動に近い性格を帯びることになる。現実主義の考えるような国際関係の原型では、各国がお互いに争い続ける自然状態を前提とするために、国内における警察力と対外的な軍事行動は全く性格が異なるものとして捉えられていた。しかし帝国秩序の下では、帝国支配下での安定こそが常態と考えられるために、軍事行動も、その安定を脅かす脅威を取り除くために展開される。

単独行動をとってもその行動に対して加えられる抵抗の少ないのが帝国の特徴である以上、帝国には、他国との国際協力を進めるメリットも、またその必要も少ない。単独で軍事行動を展開したほうが戦略の選択や決定への拘束が少ないことから、ごく周辺的な関心しか持たない紛争はともかく、基本的利害の関わる紛争では、同盟国の協力は名目的な、いわばシンボリックなものとなってしまう。同様に、国際機構では各国の利害によって政策決定が拘束されることから、国際機構との協議も二次的な役割に留められることになる。外交と国際協力の必要性が後退するのである。

ここにはジレンマが潜んでいる。国際関係は軍事問題ばかりではないし、国際関係において権力を構成する要素も軍事力には限られない。貿易取引、通貨市場、労働力移動など、国際関係のさまざまな場面では、それぞれに有効な権力の構成要素は異なっており、軍事力が「ものをいう」領域はその一部に過ぎないのである。そのようななかで、もし軍事的優位を背景として単独行動をとろうとすれば、それほど排他的な優位を持たない他の争点領域、たとえば貿易問題や環境規制では、多国間協力によって得られるはずの利益を失う可能性がある。

近著『アメリカ権力の逆説』でジョセフ・ナイが指摘するように、軍事的優位を頼みとして同盟国を軽視する行動をアメリカがとれば、却ってアメリカが不利益を被りかねないのである。

だが逆にいえば、いったん軍事力における優位を獲得すれば、同盟国を軽視する選択をとることもできる。軍事的優位が単独行動の誘惑を高めるのである。

帝国の形成は、国内社会における権力集中と国家形成の過程と比較して考えることもできる。国家による暴力の独占には、国家権力以外の武装集団を国内社会から追放することによって、社会を和平化する、という働きがあった。同時に、その和平化をもたらした国家権力に対して、武力で対抗することはかなわなくなった。中世末期のヨーロッパにおいて国家形成のもたらしたものが、強い国家のもとで平和を享受することになるのか、それともこれまでにない専制支配への屈従を強要されてしまうのか、そのバランスはきわめて微妙なものだった。

この構図に引き合わせて、国際関係における権力集中としての帝国形成を捉えることができる。逆らいようのない大国が生まれることによって、少なくとも、秩序の大枠を壊すような戦乱を避けることはできるかも知れない。だが、その帝国に武力で抵抗することはかなわない以上、「国民経済」や「国民文化」を盾にしてその国の独立を防衛することはできなくなる。

このように定義した帝国秩序は、歴史上、世界の特定の地域に生まれた例はあっても、世界規模の政治的権威として成立したことはない。海外領土では覇権を誇ったスペインやイギリスも、ヨーロッパ大陸における単独の覇権までは手にすることがなかった。また、複数の主権国家によって構成される国際関係そのものが、単独で他国を威圧できるような権力の成立を阻むことになった。もし帝国のような権力を求める国家が登場すれば、それ以外の国家が連合を組んで牽制にかかるからである。これが力の均衡(バランス・オブ・パワー)と呼ばれる国家体系のメカニズムであり、帝国の出現を抑制するはずだった。

だが実際には、国際関係における各国の権力が平等だったことはない。ヨーロッパの国際関係に大国として参入した国家の数は常に限られ、フランス革命後のスウェーデンのように、大国の地位から余儀なく降りた国家もあった。第一次世界大戦を迎えると、ヨーロッパ諸国だけで閉じた国際関係の体系は終わりを告げる。そして、第二次世界大戦を経て、アメリカの兵力なしにヨーロッパの安定は実現できないという苦い現実から目を背けることは、もはやできなくなった。

帝国へ向かうアメリカ

第二次大戦後の半世紀、ことに冷戦終結後の世界を見れば、アメリカの軍事的優越はほとんど自明に見える。だが、何をもって軍事力の優位と定義できるのか、それほど明らかではない。

ここでは、軍事力の規模、軍事的競合の度合い、そして軍事力を行使する意思の三つの要素に分けて考えてみよう。

現在の軍事秩序において、アメリカが飛び抜けて大きいのは国防費である。クリントン政権の最終年度にあたる二〇〇一会計年度をとっても三一〇五億ドルにのぼり、ブッシュ政権発足と九月一一日事件のために、その金額がさらに増額されている。アメリカの次に並ぶロシア、中国、さらに日英仏など九ヶ国の国防費を合計しても三〇〇〇億ドルに達しないことから見ても、こと軍事支出に関する限り、アメリカがどれほど圧倒的な地位にあるかがわかるだろう。

国防費の規模だけでは兵力の大きさはわからない。賃金水準や兵器単価の違いのために、豊かな国の国防費は押し上げられる面もあるからだ。予算ではなく兵力の現員数でいえば、米軍を構成する一三六万人は中国の二三一万人に及ばない。米軍の優位が兵力の規模によるものでないことは明らかだろう。

より詳細に装備を比べれば、米軍だけの持つ特徴が現れる。というのも、国境のなかを防衛することに比重を置いた多くの諸国と異なり、米軍の装備は遠く離れた地域での作戦行動を可能とするものだからだ。

補給なしに長距離を航行できる艦船や航空機、また大量の兵力をごく短期間に世界各地に派遣する能力などをみれば、中ロも英仏も、もはやアメリカの敵ではない。核兵器を所有する国家はアメリカだけではないが、その核をどこで用いることができるのか、運搬手段の種類や数をはじめ、アメリカの優位は抜きんでている。世界各地で戦争を戦うことのできるアメリカと、国家防衛と近隣地域の紛争を主体とした他の諸国との間には、明確な一線が引かれている。

さて、兵隊が大きいからといって軍事的影響力が大きいとはいえない。それを考えるためには、軍事力の分布と集中に加えて、第二に軍事的競合、つまり軍事的に対抗できるライバルの存在とその大きさを考える必要があるだろう。正面から競合できる相手が存在するときには軍事戦略の自由度は狭まり、競合が乏しければ選択の自由が広がるからだ。

アメリカへの軍事力の集中だけをとれば、第二次大戦直後の時期のほうが現在よりも集中度は高かった。だが、米ソ対立が昂進し、そのソ連が水爆を開発したために、いかにソ連の武力がアメリカより劣っていたとしても、アメリカの戦略は対ソ関係によって拘束されてしまう。核戦争を戦う能力をソ連も保持し、ソ連軍にも米軍を抑止する機能が残されていたため、冷戦期におけるアメリカがどれほど軍事大国となろうとも、抑止されざる帝国となることはなかった。

もっともアメリカも、その同盟国との関係では圧倒的な権力を保持していたことは指摘しておく必要がある。アメリカの兵力がなければ、同盟国は実効性のある軍事行動を起こすことができない。ところがアメリカは、同盟国の動員に頼らなくても軍事行動を展開できたのである。

冷戦期の同盟とは、アメリカと各国の力の差を前提として組み立てられた機構であり、米軍の参加なしには意味をなさなかった。冷戦期の国際関係にも、アメリカと同盟国との関係を見れば、帝国という枠組から捉えることのできる現象の萌芽があったといえるだろう。

ソ連解体とともに、米軍を抑止できる兵力は世界から基本的に消滅する。ロシア、中国をはじめとする核保有国は今も残されているが、それらは地域大国というべき存在であり、世界戦争という次元でアメリカを脅かすことはないからだ。こうして、冷戦終結とともに、国際政治の歴史上ほとんど初めて、世界全体で、ある国の軍事行動が他国によって抑止されないという状況が生まれた。他国からすれば、アメリカが武力行使に訴えることはあり得ないと希望的観測に浸るか、自滅を覚悟して軍事行動に賭けるのでない限り、アメリカ政府との間で軍事的紛争を抱えることはあり得なくなった。

だが、軍事力の集中とライバルの解体だけでは、アメリカが帝国へと変わることはなかった。権力が集中すれば、国外への権力行使をする必要も減り、軍事力を行使する意思が却って減退するというメカニズムが働くからだ。

世界を長らく分断した冷戦が終わったとき、軍事的優位を固めようとする意見よりも、経済再建を望む声のほうがアメリカでは高かった。冷戦終結が多国間協調の始まりになるという期待も生まれ、冷戦が「お預け」としてきた欧州秩序の形成や、その背後にあるべき市民社会や民主主義の共有と拡大が語られた。

クリントン政権下のアメリカ外交は振り子のような動揺を繰り返しただけに、一言で要約することはできない。だが、そこではアメリカの利益に合致し、大きな負担ともならない限り、安定した地域秩序が世界各地に構成されることは、むしろ歓迎されていたといえるだろう。単独優位の確保よりも、多国間秩序の形成のほうが重視されたのである。

しかし、軍事力で優位に立ち、競合者も存在しないという客観的状況の下では、多国間秩序の模索が一国優位の確保へと転じる可能性は残されていた。そして、同時多発テロという悲惨な事件を契機として、単独行動を選ぶのか、国際協調を選ぶのかという選択は、単独の行動への協調を他国に要求するという、きわめて片寄った帰結を迎えることになってしまった。

九月一一日事件と、その後のブッシュ政権の下における軍事戦略の展開は、優位を利用し、優位を保つ対外政策への転換だった。冷戦終結後の一〇年間には帝国となることを自制したアメリカが、ここで帝国に変貌したのである。

第二章　自由の戦士

デモクラシーと外交

アメリカの外交政策は、民主化の促進や人権擁護の拡大などの理念によって正当化されることが多い。すでにクリントン大統領は、民主主義を政治体制とする諸国はお互いに戦ったことがない、という歴史的な事実（とされるもの）を根拠として、世界各地における民主化を促進する政策を進め、それを正当化していた。九月一一日事件の後、国際政治を語る際に普遍的原則や倫理に訴える傾向は、ブッシュ大統領の下で異様なまでに進み、軍事作戦に「限りなき正義」という名前が（少なくとも当初は）つけられるという事態にまで及んだ。

伝統的国際関係で争われるのは理念よりは利益であり、正義よりは権謀術数が重要だった。二〇世紀に入って対外政策がイデオロギー化した時代を迎えても、対外政策の正当化にもっとも頻繁に持ち出されるのは民族の伝統とか自衛の権利であって、人権やデモクラシーではない。理念、価値観、あるいは普遍主義などが対外政策の説明に持ち出されるのは、控えめにいっても普通のことではない。

アメリカで行われる外交分析でも、理念を持ち出すアメリカが好意的に議論されたわけではない。現実主義に基づくアメリカ外交論の古典ともいうべき、ジョージ・ケナンの『アメリカ外交五〇年』が、アメリカ外交が合理的な利害判断よりも道義的判断を優先しがちであったことを厳しく非難したことは、よく知られているだろう。ケナンの主張は、後にヘンリー・キッシンジャーがその『外交』で行ったウィルソン主義の分析と、ほぼ重なっている。

人間は本質的に平和的であり、世界は根本的には協調的であるというアメリカ人の信念が、ウィルソンの世界秩序構想の基礎にあった。そこから、民主主義国は、その定義上平和的であり、[民族]自決を認められた人々は戦争に訴える必要も、他の人々を抑圧する必要もなくなる、という考え方が導かれた。……アメリカの視点から見れば、戦争をつくるのは民族自決ではなく、その欠如であった。力の均衡が失われたから戦争が起こるのではなく、力の均衡が戦争をつくるのであった。(Kissinger, 1994 : 221-222)

ケナンやキッシンジャーが述べるように、国際関係を力と力の関係ではなく、理念を実現すべき空間として捉えるアメリカ外交の伝統は、今なお続いている。それどころか、冷戦が終結した後に行われた介入は、湾岸戦争、ユーゴ内戦への介入、あるいはソマリアへの平和維持活動など、すべて人権と民主主義の尊重という理念に彩られている。この、デモクラシーとアメリカ外交との関係は、どう捉えればよいのだろうか。

まず、国際政治とデモクラシーを結びつけて考えることが間違っている、という反論があるだろう。デモクラシーとは各国の国内政治を構成する原則や制度であり、国際関係とは関わりがないはずだ。さまざまな文化や価値観の出会う国際関係のなかへ国内政治の原則を持ち込むことは、紛争を招くことにしかならないのではないか。この議論を延長すると、デモクラシーは西欧世界の観念だ、西欧世界の外へ持ち込めば地域文化の固有性を脅かしてしまう、という文化相対主義の主張が導かれる。

また、国際関係とは権力闘争である以上、理念の表明などは「ほんとうの目的」を美化するためのきれいごとに過ぎない、という人もいるだろう。外交政策でデモクラシーという観念が用いられるとすれば、それは領土や資源の確保などの具体的な政策目的を覆い隠すものではないか。国際関係を分析するものは、美辞麗句に惑わされることなく、「ほんとうの目的」を探るべきだ、という考えである。

しかし、デモクラシーとアメリカ外交の結びつきは、とてもうわべだけを飾りたてる美辞麗句などで切り捨てることのできるものではない。先に述べたように、国内政治と対外政策との理念が一致することは、アメリカ国内の政治統合を支えるためにも欠かせないからだ。また、デモクラシーと国際関係を結びつけることが偽善や偏見に過ぎない、ということもできない。この背景には、デモクラシーの拡大こそが平和をもたらすという理想主義があり、この観念を支持するものはアメリカの人々だけには限られないからだ。そもそも、一般的に考えたとき、デモクラシーと平和との間には、どんな関係があるのだろうか。

誰が戦争を起こすのか

まず、思いきり素朴な問題から考えてみよう。戦争を防ぐには、どんな方法があるだろうか。「武力で脅すことだ、反撃することをはっきり予告することで相手の行動を事前に押さえ込めばよい」という意見があるだろう。相手が攻撃的な行動をとる可能性がある限り、最悪の事態に備える必要が残るからだ。また反対に、「武力こそが戦争の源だ、各国の合意によって武力を削減しなければ平和は訪れない」と主張する人もいるだろう。相手の攻撃を想定する行動そのものが悪循環の源となり、最悪の事態さえ招きかねないからだ。

しかし、戦争防止の議論はこの二つのものに限らない。ここで、「戦争を起こすような国家があるから戦争が起こるのだ」と考えたらどうなるだろうか。すべての国を潜在敵国として考えたり、あるいはすべての国の善意に期待することは現実から離れている、戦争を起こしそうな国家はほかの国家とはもとから違うと考えるわけだ。

「ナチみたいなやつが平和を脅かすのだ」ということばに置き換えてみればわかるように、このような議論もごくありふれたものだ。ここで語られる平和の条件とは、一般的な抑止や軍縮ではなく、戦争を起こすような国家の根絶であり、「ナチみたいなやつ」の打倒と、その再興の阻止になるだろう。

伝統的なリアリストであれば、どんな政府であろうと武力で脅しておかなければ危険な存在だと考えるが、この議論では「ナチみたいなやつ」だけが抑止すべき対象に選ばれ、ほかの国家が戦争を起こすとは考えない。軍縮の協議は、開戦主体ではない多くの政府との間には可能であるが、戦争をひき起こしかねない「ナチみたいなやつ」との間では、全く考えることができない。その場合の軍縮とは、狼の眼前で武装解除することであり、宥和政策にほかならないからだ。

この議論は、「戦争を起こすような国家」をどう概念として捉えるか、また「そのような国家が生まれないような処置」として何を考えるかによって、まるで違う政策を生むことになる。

もっとも単純で残虐なバージョン、「やつらがいる限り平和はない、やつらを倒さなければ平和はあり得ない」という議論は、要するに他者に対する偏見の表現に過ぎず、戦争の防止どころか戦争を正当化するものに過ぎない。

ところが、「戦争を起こすような国家」として、絶対王政、全体主義、あるいは軍事政権など、なんらかの政体や政治体制の類型を立てることができれば、そのような粗暴な戦争の正当化が、自由主義を反映した理想と理念の表明に変わることになる。カントの『永遠平和のために』を引くまでもなく、自由主義的な国際政治認識の中核は、国民に責任を負う政府の樹立を平和の条件として考えるところにある。ここでは、共和政、民主主義、あるいは社会主義革命の成功など、より「進んだ」政体に平和への希望が託されている。

戦争を起こさない政治権力を樹立することによって、平和がもたらされる。この観念は、政治の「発展」に平和の可能性を見出す点で、理念から国際政治を捉える理想主義としての側面をもっている。ところが、武力放棄を求める平和主義とは異なり、この議論は、政治体制が転換しなければ平和は訪れない、問題は武器の有無ではなく政府のあり方なのだ、と考えている。絶対王政が絶対王政のままでは、あるいは全体主義体制が全体主義体制のままでは、安定した平和は訪れない、ということになる。

「戦争を起こすような国家」の体制が変わること、また内部から変わらないときには、外から介入してでも「変える」ことが国際平和のためには必要だ、という判断がここから生まれる。絶対平和主義とは異なり、「平和のための革命」や「平和のための介入」も正当化されることになる。

さて、過去の実例から見て、政体の進歩が平和を保障するといえるだろうか。この議論は、どうも怪しい。まず、革命が平和を招いたとはいえない。旧体制を倒して革命を実現する過程は戦争を伴うことが多く、革命の使徒たちは際立って好戦的だった。フランス革命の生み出した国民軍は、傭兵と異なって、自己の生死を賭けて最後まで戦った。

新しい政府がこれまでの政府よりも平和を尊重する保証もない。政体の変化が対外政策の変化に結びつくとは限らないし、それまでの対外政策を保ち、諸外国との関係を変えないことによって新政権も海外から承認を受けることができるからだ。革命政権が国際関係を変えるという保証など、どこにもないのである。

社会主義革命が平和の条件だと考える人は、いまなお残る社会主義国のなかでもごく少ないだろう。ところが、民主主義の実現が平和の条件だと考える人は、いまでも少なくない。そして、デモクラシーの拡大が平和の条件だという判断は、アメリカ外交における理念の一翼を担ってきたのである。

デモクラシーの帝国

東西冷戦の終結は、アメリカの軍事力に対して武力による抑制が弱まることを意味していた。湾岸戦争における多国籍軍は、ベトナム戦争がもっとも激しかった時期に匹敵する六〇万人の兵力を動員しながらも、ソ連や中国との紛争を招いていない。地域紛争への関与にあたって、他の大国との紛争にエスカレートすることを憂慮する必要が薄れ、あたかも犯罪を前にして警察が行動を起こすように紛争に介入することが、少なくとも論理的には可能になった。軍事行動が警察化したのである。

力への制約が弱まることで、力関係ではなく、理念や倫理によって国際政治を解釈し、それに基づいた行動を起こすことも容易になった。もともと、冷戦下の権力政治は、アメリカ国内でも決して評判のよいものではなかった。

たとえば、ニクソン政権のもとでの米中関係正常化は、アジアにおける冷戦を大きく変え、権力政治からすれば、外交政策としてたいへんな成果だったといってもよい。ところがアメリカ国内では、米中接近は中国における独裁を認めるものだという批判が根強く残り、台湾との関係を重視する右派からも、また、人権保障を求めるリベラルからも反撥があった。

伝統的国際関係では、外交交渉に応じる政府であれば、専政か共和政か、その政体は問われない。ところが、民主主義国によって支えられる平和、「デモクラシーの平和」から見れば、独裁政権との野合は、まさにデモクラシーの原則に反し、市民の信頼を裏切る行為にあたることになる。

冷戦終結は、このような理念原則を対外的に表現する機会を与えた。冷戦後の国際関係は、力の平和から正しい平和へ、また普遍的理念を共有する市民社会の平和へと転換を遂げることになる。デモクラシーと人権が普遍的なら、国内政治への不干渉という原則も相対化される。内政不干渉原則によって独裁者の行う虐殺を認めることは許されないからだ。内政不干渉原則が相対化されることで、内政と国際関係の境界線はぼやけてしまう。ほかのどの国にも制約されない強制力と、普遍的理念の標榜を組み合わせた、デモクラシーの帝国ともいうべき秩序が、こうしてできあがる。

軍事的に覇権を保持しつつ、人権や民主主義を外交実務で表明するのは、アメリカ外交の特徴であるかも知れない。しかし、世界に民主主義国が増えることによって世界平和が保たれるという考え方をアメリカだけのイデオロギーに還元するのは誤りになるだろう。その背後には、世界各地において議会制民主主義をとる諸国が急増したという現実があるからだ。

ここでいう民主化とは、もちろんソ連・東欧諸国における共産党支配の解体ばかりではない。南欧、南米、東南アジアなど、ボス支配や軍政の方が「通常」の政府となっていた地域でも、六〇年代の後半から三〇年余の間に民主政治への体制転換が続く。ラテンアメリカから軍事政権はほぼ消滅し、東南アジアでも権威的支配は例外となった。

制度としての民主主義が理念の上での民主主義と合致する保証はない。同じ民主政治に分類される体制の実状はさまざまだろう。だが、文化の多様性だけを根拠として人権とデモクラシーの普遍性を否定することは、もはやできない。

そのような世界的な民主化が背景としてあるからこそ、民主主義と人権尊重を求めるような介入を国連も行うことになったのである。国際人道法の適用を国連が認めた事例には、ボスニア(ユーゴスラビア)、ソマリア、ルワンダ、シエラレオネ、さらにコソボ(ユーゴスラビア)などがあるが、そのどれもが基本的には内戦であり、主権国家に対する侵略として始まった紛争とはいえない。ここでは、内政不干渉原則に守られてきた国内統治の領域にまで人権保障の対象が拡大されている。また、欧州連合への加盟条件には人権遵守と民主政治が求められていることとも、よく知られているだろう。デモクラシーと人権の普遍性が、アメリカ以外の各国にも受け入れられてきたことは否定できない。

だが、国際政治における民主主義には、二つの意味がある。その第一は、世界各地に民主的な政府が広がることであるが、それだけでは世界の人々の意思を国際関係の運営に反映することにはならない。世界全体における民主的統治を考えるのであれば、国連よりも踏み込んだ世界政府のように、どの人の利益や意思をも反映できるような、世界規模の民主政体をどこかで考えなければならないはずだ。民主主義国の増加ばかりでなく、国際政治の仕組みの民主化も考える必要があるだろう。これが、国際関係における第二の意味の民主主義である。

ところが、各国における民主化が進んだのと同じ時代に、国際的な権力の構成でいえば、国連に代わってアメリカが世界政府を代行するという事態が訪れてしまった。アメリカの大統領がアメリカ国民にのみ責任を負い、世界の他の住民にはアメリカの大統領を選ぶ権利がない限り、国際関係の仕組みの民主化、つまり第二の意味における民主主義が実現したとはいえないだろう。各国における市民秩序の拡大が、国際関係における民主主義どころか、帝国の形成と同時に進んでいるのである。

それでは、アメリカが世界政府の役割を代行することによって、何が具体的に問題なのか。

第一は、誰のための権力なのか、その責任の所在の問題である。アメリカ政府がアメリカ市民に主たる責任を負う限り、アメリカ政府の政策がその社会の利益や理念を反映したものか、世界各地の利益や理念を反映したものか、区別することはできない。国内の主張は国内政治の制度を通じて表現する機会が認められているが、世界の声を直接に表現するために使うことのできる舞台はない。それはまた、デモクラシーという普遍的な理念が、アメリカ社会のなかの、それもごく狭い偏見や特殊利益と共存してしまうという逆説も生み出してしまう。

第二に、権力行使に対して加えられる制度的な制約がない。法による支配という自由主義の伝統は、デモクラシーのなかでも、その本質的な要素である。それだけに政治権力の行使に対して法と制度によって制限を加えることは、民主政治が成立するためには不可欠であるといえるだろう。違法な権力行使に対しては、いかなる権力者であっても法の制裁を免れないのである。

だが国際関係における「自由主義」や「民主主義」には、そのような法と制度の裏付けはない。そして圧倒的な権力を持つ帝国が、他の諸国との合意によってつくられた法に従う理由もないのである。

こうして、デモクラシーという理念が、国内では権力行使を制限しながら、対外的にはむしろ権力に加えられる拘束を解き放ってしまうという逆説が生まれる。デモクラシーの構成する世界が、デモクラシーを強制する帝国に転回するのである。

ワシントンの決定がこのようなイデオロギーのみによって展開したとは、とてもいえない。国内世論を横に置けば、アメリカ外交のなかには、現実主義の伝統に則して、国益の最大化をめざしてきたプロフェッショナルな外交の流れもあるからである。だが、対外政策のもととなる意味づけとか価値観を考えるときには、エリートたちが対外政策に関して持っている共通了解を見るだけでは十分ではない。より広く社会のなかで共有されている社会通念にまで視野を広げなければ、政策を受け入れ、それに支持を与える人々が何を考えているのか、捉えることはできない。議会と選挙を通じて、その社会通念が外交政策を縛っているとすれば、なおさらだろう。

そのような、社会通念としてのデモクラシーとアメリカ外交を考えるために、ここではアメリカのフィクション、わけても優れてアメリカ的な大衆文化である映画表現のなかから、アメリカの自画像を探ってみたい。

政策決定がハリウッドのシナリオに沿って進められるはずがない以上、映画表現の分析から政策決定者の共通了解を引き出すことはできない。だが、まさに巨大な観衆を集めるべく作り上げられる商業作品として、観衆と作り手が当然のもののように共有する社会通念を、映画表現のなかに探ることもできるだろう。ワシントンの政治家や官僚の世界観ではなく、より広くアメリカ社会のなかで、アメリカと外の世界の関わりがどのように捉えられてきたのか、二つの映画を通じて考えてみたい。

インドのインディアナ・ジョーンズ

最初の映画は、アメリカ人の英雄がインド人の悪者を倒して人々を救うという、ずいぶんあられもない活劇、スティーブン・スピルバーグ監督の『インディアナ・ジョーンズ 魔宮の伝説』(一九八四年)である。

いくつもの言葉を操り、諸族の習俗にも通じた考古学者であるインディアナ・ジョーンズが、白人女性と中国人少年とともに、インドの寒村に流れ着くところから映画ははじまる。村人たちは、細い手を次々に投げ出してジョーンズに助けを求める。村を護る「幸運と栄光」の石が、村の子供たちとともに邪悪な力によって奪われてしまった。助けを求めてシヴァ神に祈っていたところ、ジョーンズが天から降りてきた、というのである。その求めに応えてジョーンズはラージャの宮廷に乗り込み、いったんは敵に囚われるものの見事に脱出、悪の祭司を倒して、邪悪な力から村人を解放する。名残を惜しむ人々をあとに、次回作に向けてジョーンズは村を立ち去るのである。

『インディアナ・ジョーンズ』は、第二次大戦前にハリウッドで量産された活劇映画を復活させた作品であり、それだけにハリウッドの目に映る「東洋」が、あからさまな形で表現されている。まず、舞台となる「パンコット」という地域がどこにあるのかわからない。ヒマラヤ越えの先という設定からはインドの北部にも思えるが、シヴァ神の信仰が見られるところから判断すればインド南部とも考えられる。菜食主義のはずのラージャの宮廷で、蛇や眼球、猿の首などが客人に饗されているのも、腑に落ちない。現実のインドではなく、アメリカの観客に「インドみたい」に見える(であろう)風物ばかりである。

主人公のジョーンズは、国境や文化を越えて活動する知性と体力と意思をそなえ、異文化に敬意を払う紳士の美徳と、宝探しに取り組む探検家の勇気とをあわせもった存在として描かれている。他方、ジョーンズを迎えるインドの人々は、自分の土地を離れることもできず、運命を切り開くこともできず、ただ災厄に襲われるだけの無力な存在に過ぎない。ジョーンズは飛行機や船を使ってどこでも自由に活動するが、村人は土地に縛られ、動くことはできない。ジヨーンズは天から降りてくるが、村人は地を這うほかはないのである。ここでは、活動空間の大小が、知性や判断力、さらに自分の行動を選ぶ主体性の大小と重ね合わせて描かれている。

その村人たちは、邪教のために貧困に追いやられるばかりか、その邪教に精神を操られ、あるものは奴隷労働に駆り出され、またあるものはいけにえとされている。悪に虐げられた民には、自分たちを救う力などはなく、放っておけば邪悪の力によって滅びるほかはない。

邪悪な力を取り除くためには、外の世界の光が必要になる。その光をもたらすものがインディアナ・ジョーンズであり、さらにいえば彼が象徴するアメリカだ、というのがこの映画の仕掛けである。境界を乗り越えて活動する生命と知性が、土地と伝統に縛られた人々を救う。自由の戦士だ。

かつて、アフリカの植民地分割に加わったヨーロッパの人々は、その自分たちの侵略を、アフリカをヨーロッパに隷属させようとする侵略でなく、その土地に行われてきたアラブ商人による奴隷売買の悪習を止めさせるという正義のための介入なのだと主張していた。外からの力を加えることなしには、アフリカの人々が自分たちの生活を救い出すことはできない、アフリカの人々が奴隷とされないようにするためにはヨーロッパ諸国の介入が必要なのだ、という主張である。

非西欧世界は、そのままでは解放されない。自分たちの専制支配と搾取のためではなく、その土地の人々を専制と搾取から解放するために介入が必要だ。このような、ほとんどむき出しのままの「白人の責務」の表現を見れば、ジョーンズという自由の戦士がどれほど植民地支配の先兵と近い地点にいるのか、はっきりとわかるだろう。猿の頭を食べ、村人を犠牲にする邪教に立ち向かうインディアナ・ジョーンズは、この限りではコロニアリズムの末裔に過ぎない。

しかし、実際に植民地統治に従事すれば、そんなうわべの装いはすぐに剥がれてしまうだろう。どれほど聞こえのいい理由で侵略を始めたとしても、植民地進出を支えてきた利権や欲望は、いずれその土地の人にもはっきりしてしまう。イギリス、フランス、ベルギーなどによる分割によってほとんどくまなく植民地とされてしまったアフリカ社会から見れば、植民者たちの目的が奴隷売買の廃絶どころか象牙などの資源の確保であり、高邁な理念よりも私利私欲に駆られた行動であることは、あまりにも明白だった。

支配するものとされるものという関係が明確なだけに、住民との間の軋轢を避けることは難しい。降臨した外国人に救いを求めた(かも知れない)村人も、植民地支配が継続すればするほど、やがて新たな支配者への敵意を燃やすことになる。なかには植民地解放をめざすものもでてくるだろう。コロニアリズムはきれいごとでは終わらない。

ところが、邪悪な僧侶を倒したジョーンズは、その土地から立ち去ってしまう。立ち去ることで、ジョーンズはコロニアリズムのウソやジレンマを免れることができる。そして自由の戦士という自負と自己愛も、きれいなままに保たれるのである。

立ち去る帝国

直接の領土的支配を避けてきたことは、アメリカと外の世界との関係を考えるうえで決定的に重要である。介入から撤退した後のアメリカは、その土地の政府に行政を委ね、譲り渡す。領土とはしないで撤退することによって、介入したアメリカには私欲や私心がなかったことも証明されるだろう。映画のジョーンズと同様に、立ち去るために、自由の戦士のメッキがはげることもない。正義を実現したという自己愛もそのまま保つことができる。

軍事介入を短期のものにとどめる限り、徴兵の必要も少なく、戦死するものも限られ、本国社会への打撃も限られたものとなる。戦後日本を考えればすぐわかるように、戦争への不信を拡げるきっかけは、長期間の、犠牲の大きい、そして敗北に終わる戦争であることが多い。戦争を短期間のうちに、わずかな(自軍の)犠牲とともに、しかも決定的勝利とともに終えることができれば、戦争の正義が疑われることも少ない。そして、介入された側がそんな身勝手な正義を疑ったところで、兵力はもう撤収しているのである。

ここに現れるアメリカと他国の関わりは、確かに植民地統治ではないが、かといって独立した諸国の間の互恵平等な関係と呼べるものでもない。インドの村人はジョーンズなしには解放されなかったが、ジョーンズはインドなしでも暮らしてゆくことができた。同じように、他国はアメリカなしに決定を行えないが、アメリカにとって他国は必ずしも必要ではない。

ここでは、アメリカの対外政策とは、いずれはアメリカに従うほかには選択肢を持たない政府に向けて、一連の政策勧告や説教を行うことになる。そして、その勧告を受け入れない政府には、経済制裁や軍事介入が待っているのである。すべてのカードを独占した後見人として、アメリカが各国の行政を差配することになる。

自国の利益に合わせて相手を操作し、自分の理念に合わせて相手を改良するという点で、ここでの異文化への関わりは、実は植民地帝国における介入と全く選ぶところがない。

しかし、その土地の社会と本国との間に「現地政府」という存在を挟むことによって、強権力による介入のどぎつさを、少なくとも本国の市民の目から隠すことは可能となる。アメリカ人にとって、その土地の人々は理念も利益もともにする友人であり、かれらとアメリカ人の間には本来対立はないはずだ。そこでの問題は、「現地政府」を構成するその土地の権力者たちにある。アメリカに抵抗する「現地政府」が、土地の人々をも虐待しているのだ、という判断である。この場合、「現地政府」への勧告や強制は、アメリカばかりでなくその土地の人々にとっても有利となるから、歓迎すべき内政干渉だ、ということになる。

その土地の人々のためにアメリカ人が犠牲となって「現地政府」に立ち向かう。ずいぶん都合のいい、こんな身勝手な議論を、その土地に実際に住んでいる「土地の人々」が受け入れる保証など、実はない。しかし直接統治をしない以上、「土地の人々」がアメリカに意見表明などを行う機会は、ごく乏しい。その土地から批判を浴びるコロニアリストと異なって、立ち去る帝国の自由の戦士は、仮面を保つことができるのである。

念のためにいえば、このように介入を短期にとどめ、直接統治を回避することができたのは、ごく単純に、アメリカのパワーの大きさがもたらした結果と見るべきだろう。植民地支配という形で海外市場を囲いこまなくても、アメリカ経済は圧倒的な優位を保つことができた。国内市場を保護する必要が生まれた場合でも、ワシントンは他国の貿易慣行や通商政策を操作するだけの影響力に恵まれていた。軍事戦略でいえば、ことに冷戦終結後は、米軍と軍事的に対決することが、事実上不可能となっていた。そしてワシントンにかつて、あるいは現在も「逆らった」経験を抱える諸国は、大使館人質事件後のイランや湾岸戦争後のイラクに見られるように、別にアメリカへの侵略などを準備していなくても、「悪の枢軸」に加えられてしまう。

ここでアメリカの行動を正当化する根拠は、自由と民主主義という理念であるが、その権力行使に制約を加えるような制度はない。本来民主主義は権力を制限する制度を伴うはずであるが、ここでは外部からアメリカ政府の行動を制限するなどという発想はない。それどころか、教条と化したデモクラシーが、極限的な権力や暴力の行使を正当化し、美化してしまうのである。

国外への政治的・軍事的影響力の行使として考えれば、これは帝国でないどころか、帝国支配の完成形態というべきだろう。長期の植民地行政を担うことで出費と政治対立を抱えることもなく、戦争の長期化によって本国に犠牲を招くこともなしに、自国の意思に合わせて海外の状況を操作できるからだ。

インディアナ・ジョーンズに見られるような厚かましいオリエンタリズムは、単なる時代錯誤に過ぎない。だが、植民地なき帝国としてのアメリカの持つ、その圧倒的な権力と効率的な支配のために、時代錯誤が今日まで生き延びることもできたのである。

アメリカの防衛・世界の防衛

「外の世界」に出て活躍するジョーンズのような筋書きと並んで、冒険活劇ではもうひとつのおなじみのテーマが、自分たちを「外の世界」の襲撃から守るという、自衛の物語だ。ジョーンズの場合は、悪漢がたむろする「外の世界」に自分が出てゆくのであって、「内の世界」、つまりアメリカでは、平和な暮らしが続いていた。ところが次の映画、『インディペンデンス・デイ』(一九九六年)では、「外の世界」の悪が「内の世界」に攻めこんでくる。

H・G・ウェルズの『宇宙戦争』を現代に蘇らせたともいうべきこの映画では、最初の三〇分ほどのうちに、ホワイトハウスやエンパイア・ステート・ビルなど、アメリカの主立った観光名所がすべて、宇宙人によって壊されてしまう。倒れた自由の女神像の後ろには廃墟となったマンハッタンのビル群が広がり、空は巨大な宇宙船によって塗りつぶされている。戦闘機を総動員して反撃を加えても、また核兵器による攻撃に訴えても、宇宙船のバリアを破ることはできない。世界の終わりの風景である。

だが、ハリウッドには世界の終わりはない。ユダヤ系の技術者と黒人の兵士は、手を携えて宇宙船に潜入し、その中核を壊すことで宇宙船の防御バリアをうち破る。かつて宇宙人に拉致されてしまったというトラウマを負ったパイロットは、特攻隊のような自爆攻撃によって宇宙船の核心を破壊する。

こうして地球は七月四日、つまりアメリカの独立記念日に救われる。アメリカでは七月四日を花火で祝うのがならわしであるが、このインディペンデンス・デイは、花火のように次々に散ってゆく宇宙人の戦闘艇によって祝福される。たいへんわかりやすい、誤解の余地のない物語である。

映画の台詞のなかでは、何度となく「われわれ」と「やつら」の区別が語られている。ここに見られるように、『インディペンデンス・デイ』は、「やつら」に対して「われわれ」を守ること、つまり絶対悪に対して市民社会を防衛する物語として考えることができる。他の立場や視点を想定せず、宇宙人から地球を防衛する正義を疑おうともしない点で、この作品は、その原典ともいうべきH・G・ウェルズの『宇宙戦争』とも決定的に異なっている。

ウェルズの『宇宙戦争』は植民地支配の寓話でもあった。宇宙人に襲われる地球という物語のなかには、非西欧世界にとって大英帝国とはこの宇宙人のような存在ではないかという、皮肉で知的な問いが隠されていた。世界を「われわれ」と「やつら」に区別するどころか、そんな区別には意味があるのか、とウェルズは疑っていたのである。そんな疑い、また「やつら」の側からは世界がどう見えるだろうか、という知性の働きは、『インディペンデンス・デイ』には微塵もない。

ここでいう「われわれ」とは、「世界の人々」である前に、なによりも「アメリカ人」である。そして、映画に出てくる「アメリカ人」は、アメリカ社会における民族集団と職業・階級の関わりを反映して、すっきりしたステレオタイプを構成している。湾岸戦争の英雄だったという設定の大統領はアングロサクソン系、テレビ局に勤めるコンピュータ技術者はユダヤ系、そしてこのユダヤ系青年と協力して宇宙船に潜入する軍人はアフリカ系、という具合だ。

ここには、アメリカ社会における民族相互の政治的関係や発言力も微妙に反映されている。アジア系は映画のごく冒頭で姿を消し、ヒスパニック系は周辺で歩き回るだけだ。新しい移民集団はこの映画では出番が少ないのである。また、現実のアメリカ社会では、ユダヤ系アメリカ人とアフリカ系アメリカ人との間には緊張が続いており、この二つの集団をともに基盤とする民主党にとっては悩みの種ともなってきた。それだけに、この映画のように、地球を救うためにユダヤ系とアフリカ系のアメリカ人が手を結ぶことは、現実には対立のある政治社会が再統合されることであり、ほとんど民主党政権の夢をかなえたものだ。もちろん、大統領はアングロサクソンでしかありえない。『インディペンデンス・デイ』の多文化主義は、民主党を支持する、それも古くからの移民に支えられている。

　そして、アメリカにおける文化や民族の違いに対しては、それなりの配慮を払っているこの映画も、世界各地の文化や民族に対しては、まるで無関心で、扱いも乱暴だ。宇宙人はアメリカだけを狙ってはいないのに、犠牲者として画面に映るのはアメリカ人ばかりである。

　アメリカと共に戦っているはずの各国の軍隊は、モールス信号を通じて米軍の指示がイギリス、ロシア、そして日本の自衛隊などに与えられるときだけしか画面に出てこない。各国の役者が話す台詞の数も、この順に少なくなる。アフリカに至っては、宇宙船が炎上する風景を、上半身が裸の子供たちが喜ぶという、なんともあからさまな映像が現れるだけで、これはもう『インディアナ・ジョーンズ』におけるインドの村人と同じ扱いである。宇宙人から地球を守るため、アメリカと共に戦っているはずの世界各国が、この映画のなかでは米軍の添え物の域を出ない。

　ここでは、アメリカがアメリカを救うことと、アメリカが世界を救うことが、全く同じ意味で語られている。『スタートレック』における米軍艦船エンタープライズ号が、惑星連邦を代表しても誰も疑わなかったように、アメリカの戦いと世界の戦いは同じことにされてしまう。

宇宙人との最後の決戦の直前に（アメリカ人の）戦士を前にして、大統領はこんな演説をしている。

今日が七月四日なのも運命だろう。……われわれは生きる権利、存在する権利のために戦うのだ。そしてわれわれが勝ったとき、七月四日はアメリカの祝日ではなく、世界が一つの声で叫んだ日として知られることになるだろう。……今日、われわれは、われわれの独立記念日を祝うのだ。

ここでは、世界とアメリカの境界が全く消え去っている。この「われわれ」がアメリカ人なのか、世界各地の人々なのか、区別する必要さえ、自覚されてはいない。アメリカの外にある世界とは、アメリカの国内社会を世界に拡大した存在に過ぎないからだ。そして、アメリカによって宇宙人から防衛してもらう諸国は、アメリカの独立記念日を祝うことになってしまったのである。

邪悪との戦い

『インディペンデンス・デイ』の宇宙人は、アメリカ大衆文化における宇宙人の描かれかたの集大成ともいうべき存在である。大衆活劇の世界では、二〇世紀初頭から異星人襲撃というテーマはおなじみのものだった。第二次大戦後になると、「B級」と分類されるようなSF映画のなかで地球は何度も襲われてきた。この映画の宇宙人は、次の三つの点で、この伝統を受け継いでいる。

第一に、宇宙人は、武力によって倒す以外には方法のない、絶対的な悪として現れている。宇宙人の描写のなかに少しでもヒューマンな要素が混ざってしまうと、宇宙人に感情移入し、宇宙人の立場からこの戦争を捉える観客も出てくるかも知れない。それでは戦闘の正義が疑われてしまうから、宇宙人は悪だ、他者だ、ということを観客に明確に示さなければならないのである。

他者性を明示し、観客が迷わないよう、ここでは三つの手順が踏まれている。まず、宇宙人に極限的な破壊を行わせることで、「われわれ」の生存を脅かす「悪」であることを早い段階で明示している。次に、宇宙人には徹底的に醜い身体を与え、視覚による感情移入の可能性も排除しておく。最後に、アメリカ政府が「歓迎使節」として派遣した二台のヘリコプターを宇宙人に撃墜させ、こちらが対話を試みたのにあっちが先に手を出した、暴力に訴えたのは相手の方だ、ということを示す。宇宙人の邪悪性を示す工夫が、二重三重に巡らされているのである。

第二に、宇宙人の科学技術は「われわれ」よりもはるかに進んだものとして描かれている。このイメージは、全体主義の先進性というステレオタイプを受けついだものと見ることができるだろう。ドイツの科学技術はアメリカよりも優れているというイメージが、ことに第二次大戦以後はナチスドイツと重ね合わされ、人権や民主主義はまるで無視するけれども科学技術だけには長けた敵というステレオタイプを生みだしたのである。第二次大戦後のSFに登場する宇宙人たちはナチスドイツの彩りを与えられ、人権を無視する全体主義のもとで最先端の技術を開発した宇宙人として描かれることになった。この映画の宇宙人は、そんな全体主義の宇宙人たちの子孫にあたる存在である。

第三に、敵は武力によって侵略するばかりでなく、「われわれ」の体内に進入し、精神を侵す能力を備えている。この、内部に潜入する異物というイメージは、アメリカ社会における共産主義のイメージと重なるものだ。

二〇世紀初めにおけるアナーキストへの恐怖や、その後のコミュニストに対するパニックのような恐怖に見られるように、細菌のように「悪」が外部から「われわれ」に侵入し、身体と精神を内から侵してしまうという恐怖は、アメリカ社会に根強く見られたものである。ことに冷戦期には、全体主義者の「洗脳」が恐怖の的となり、『影なき狙撃者』(一九六二年)のような作品も生み出した。

『インディペンデンス・デイ』では、宇宙人に拉致されることで精神の均衡を失ったパイロットが登場し、マインド・コントロールの恐ろしさが表現されている。このパイロットは宇宙船に突入し自爆することで、宇宙人によって失われた精神的自由を回復する。侵された身体は、その敵のなかに突入し、それを破壊することによってしか救われないのである。

このような徹底した悪者としての宇宙人は、一九五〇年代のSF映画ではおなじみであるが、近年では見かけることが減っていた。米ソ両国の平和共存が模索され、アメリカ国内では公民権運動が進んだ一九六〇年代以後になると、宇宙人との共存という路線も現れてきたからだ。

初期の『スタートレック』は、異文明の理解というテーマを追求し、宇宙人を侵略者と同視するような視点は戒められていた。『スターウォーズ』(一九七七年)でも、悪いのは帝国皇帝であって、宇宙人は善悪のどちら側にも分布している。『E.T.』(一九八二年)になると、宇宙人は「ともだち」に昇格する。このような流れとは異なって、『インディペンデンス・デイ』の宇宙人は、惑星間の平和共存を破る、古典的な侵略者だった。

相手が問答無用の暴力に訴えるなら、こちらも手段を選ぶ必要はない。『インディペンデンス・デイ』が『インディアナ・ジョーンズ』と異なるのは、それが外敵に対する防衛であり、武器をとる緊急性がはるかに高いものとされていることだ。これは無条件に正義の戦争であり、無条件に他のあらゆる政策に優先し、手段を選ばず目的を達成しなければならない。人類の生存のための戦いに加わったユダヤ系の青年は、まず核兵器に対する反撥を克服し、空缶のリサイクルを止め、最後には葉巻さえ吸うようになる。国民の自衛という要請を前にするとき、大学生のきれいごとのようなインテリのモラルは意味を失うのである。

「当たり前だ、攻めこまれたら戦うだけじゃないか」という声もあがるだろう。だが、宇宙戦争の古典はそれほど簡単ではなかった。このジャンルの元祖ともいうべきH・G・ウェルズの『宇宙戦争』では、宇宙人は異なる自然を前にして自滅したのであり、人間の武力によって倒されることはなかった。まさに絶対悪そのものの昆虫のような異星人との戦いを描いた『スターシップ・トルーパーズ』(一九九七年)では、戦争を遂行する過程で、人間の方もナチのように苛烈な全体主義的統制をつくりあげてしまう。ＳＦ活劇にしたところで、いつでも全面戦争をナイーブに支持していたわけではない。

邪悪に対する闘争において、自分たちも手段を選ばずに反撃すれば悪と善が同じ手段で戦うことになり、敵と味方を分かつ倫理的基準が怪しくなってしまう。ナチスドイツや日本に対する第二次大戦を正義の戦争として支持したアメリカ国民も、核兵器によってソ連を滅ぼすような戦略に賛成したわけではない。自衛戦争がいかに正しいとしても、もし戦争で用いる兵器があまりに残虐であれば、戦争の正義も疑われることになりかねない。自衛の正義と戦争の残虐性の間には常にジレンマが横たわっており、どんな手段をとったところで自衛戦争は正義だ、というほど事態は簡単ではない。

ところが、『インディペンデンス・デイ』では、アメリカ本土が破壊された、という決定的な事実から出発しているだけに、戦争における目的と手段の関係などといった抽象論は、出る幕がない。そして、国外への軍事干渉についてはさまざまな異論が立てられてきたアメリカでも、アメリカ人の生命が犠牲となり、アメリカの国土が破壊されるという事件を前にするときには、いかなる反撃であっても無条件で正当なものとして受け入れられるのである。

イランで発生したアメリカ大使館員人質事件において、人質を救出することに失敗したカーター大統領は、一挙に世論の支持を失ってしまった。この例を思い起こせばわかるように、アメリカ政府にとって、アメリカ市民の生命を助けられないことは、職務放棄とされ、政治的自殺に等しい。この映画でも、冒頭では支持率の低下に悩まされていた大統領が、宇宙人に反撃する戦闘機に自ら乗り込むことによって、英雄の地位を取り戻している。

映画でも現実でも、アメリカ大統領の最大の責務はアメリカ人の生命を守ることであり、その前ではほかのどの政策も倫理も二次的な存在に過ぎない。アメリカが第一次大戦に参戦するときにはルシタニア号の撃沈が、また、第二次大戦に参戦するうえでは真珠湾攻撃が、決定的な役割を果たすことになった。広島・長崎への原爆投下によって戦争が終わり、多くのアメリカ人の生命が救われたのだとは、いまでもアメリカ人の多くが語るところである。

『インディペンデンス・デイ』の大統領は、人類の生存のためにすべての手段を尽くして邪悪な敵と戦った。このフィクションは、グロテスクなほど、二〇〇一年九月一一日以後の対テロ戦争として現実のものとなる。ここでもまた、アメリカ人の生命を守るための戦争が、圧倒的な国民の支持のもとで、手段を選ぶことなく続けられたからだ。

普通の国にとって、フィクションは、現実とはかけ離れた存在に過ぎない。だがアメリカには、フィクションを現実世界に強制するほどの力があった。映画が現実に似ているのではない。

映画のような色眼鏡を通して現実を解釈し、行動したところで、たいして困らないほどの力にアメリカは恵まれているのである。

大衆文化に現れた社会通念で見る限り、アメリカと世界の境界は見えてこない。それでは、色眼鏡をはずした現実とは何だったのか。今度は、アメリカと地域の関わりを、実態に即して検討してみよう。

第三章　闇の奥

冷戦と地域

デモクラシーとアメリカ外交の結びつきには、世界各地の人々を専制支配から解放するという「自由の拡大」の側面と、平和を求める市民が自分たちの社会を敵の手から擁護するという「自由の防衛」の側面との二つがある。そのどちらの面にも、伝統外交における権力闘争とは異なった理想主義を、共通して認めることができるだろう。

だが、前章で二つの映画の事例から示したように、「自由の拡大」には植民地主義的な介入の別名となる可能性がある。「自由の防衛」にも、国家の防衛と世界の防衛の区別を取り払った、無制限で全面的な戦闘の正当化を招いてしまう可能性が残されていた。理念の追求や理想主義が、それまでよりも平和な世界をつくるとは限らない。

それでは、アメリカ外交における地域への関与は、実際にはどのようにして始まり、どう展開してきたのだろうか。

これは、アメリカ大陸におけるフロンティアの拡大に遡って考えることもできる問題だ。一九世紀後半のアジア各地との接触も見逃せない。だが、戦時・平時を問うことなく、世界各地の政治とアメリカが軍事的に関わる仕組みは、やはり冷戦期につくられたものというべきだろう。アメリカによる地域介入の系譜を遡って考えてみたい。

一九四七年三月、トルーマン大統領は議会両院を前に、ギリシャとトルコへの援助を求めて演説を行った。トルーマン・ドクトリンの表明として知られるこの演説が、冷戦期における地域介入の始まりを告げることになる。ギリシャ内戦への介入は、フィリピン、さらにベトナムなどの世界各地に行われた介入の先駆けとなったからだ。

トルーマンはこの演説で、普遍主義のレトリックに頼っている。アメリカ外交の基本目的は、世界各地において強制からの自由をつくることであり、第二次大戦参戦も国際連合創立もそのための決定だった。ギリシャやトルコに援助することも、この政策の継続だというのである。「[アメリカの]リーダーシップが揺らいでしまえば、世界の平和が脅かされかねず、この国民(this Nation)の福利も脅かされるのは必定である」。このことばだけを読むならば、ギリシャ内戦やトルコ紛争に対象を限定したものと受け取ることは、とてもできないだろう。

限られた地域に援助を与えるために、これほどの普遍主義に訴える大風呂敷が必要となったのは、別に世界を二分する冷戦戦略が完成していたからではない。世界規模における共産勢力の軍事的封じ込めは、一九五〇年六月の朝鮮戦争の勃発を待たなければならないからである。

概念としての封じ込め戦略こそ生まれてはいたが、四七年春の段階では、世界各地に軍事基地を確保したり、ヨーロッパから東アジアや中東に広がる地域で同盟をつくるような準備は、まだアメリカにはなかった。

普遍主義のような表現がとられた一因は、議会や世論との関係に求められる。犠牲の大きい戦争がようやく終わって、戦時動員から平時に戻りつつあったアメリカ社会では、新たな戦争を受け入れる準備はなかった。何よりも、予算増に消極的な議会に対して、新たな負担を納得させるという難関が待っていたのである。

地域への介入は、アメリカにとって当然の政策というよりはジレンマの反映だった。自由の祖国であるという自己認識は、アメリカ一国だけにはとどまらず、世界全体への責任を呼び起こす。トルーマンのことばを使えば、「世界の自由な人々は、その自由を保つためにも、われわれに支援を求めている」からだ。だが、そんな普遍的なレトリックに従えば、世界各地の人たちのために、うちの仲間(our boys)が生命の危険を冒すことになる。どうして外国のために、そこまでしなければいけないのか。アメリカ国内に関する限り、地域介入とは、どこまで外国を犠牲にするかという選択ではなく、どこまで外国のために犠牲になるのか、という選択だった。

トルーマン・ドクトリンとは、世界の自由のために、アメリカ国民が(限られた)貢献と犠牲を果たすべき時が来たことを、議会と世論へアピールしたものとして解釈することができる。デモクラシーや自由などの概念が用いられているが、このドクトリンが世界を民主化するなどという革命的理念の宣言だったわけではない。むしろそこには、国民への負担が大きい政策を売り込むために、アメリカ国内に受け入れられやすい理念を表明するという、そのときの政治的必要に応える、いわば政局判断が現れていたといえるだろう。

非公式の帝国

もちろん、対外政策をモラルの追求だけで判断することはできない。国内向けの大仰な表現を横に置いてしまえば、アメリカによる地域紛争への介入とは、アメリカが世界各地の政治への影響力を拡大し、確保する過程だった。

なかでもその中核が、植民地帝国の、いわば肩代わりである。すでに海外への影響力を弱め、かつての統治を復活すべくもないイギリスやフランスなどの植民地帝国に対し、保護国や植民地については独立を促しつつ、帝国の退却によって残された地域へのアメリカの影響力を確保するのである。

この政策は、植民地独立という意味では自由主義の実現であり、権力の真空を避けるための安定化としては国際的な危機管理として解釈することもできる。だが、勢力圏の獲得という意味において、それはまぎれもなく新たな帝国の誕生を示すものでもあった。

ことばを換えていえば、アメリカの介入は、旧世界の大国の撤退と表裏の関係にあった。トルーマン・ドクトリンを宣言するきっかけともなったギリシャでは、すでに介入を維持できなくなっていたイギリスに代わって、共産勢力を含む民族解放戦線(EAM)を退けつつ、新政権を支える必要が生まれていた。インドネシアでも、日本軍が撤退した後に、独立闘争を戦う国民党や共産党勢力と、植民地統治の復帰をめざすオランダとの間で戦闘が生まれており、独立政府の共産化を阻止するためにも、オランダに植民地統治を断念させなければならなかった。そしてもちろん、ベトナムにおいてアメリカが直面した課題とは、共産勢力を押さえ込みつつも、その地域からフランスの退場を実現することだった。

だが、植民地帝国がアメリカの肩代わりを歓迎したわけではない。オランダにとってもフランスにとっても、アメリカの介入とは植民地の喪失を意味するものだったからである。そしてアメリカ政府のなかでも、リベラルな信念から植民地独立を求めるものや、欧州諸国との友好関係を維持するためには過度の独立推進をすべきではないとするものなど、さまざまな主張や利害対立があった。なによりも、国外に長期間にわたって兵力を常駐させるような政策は、アメリカ史のなかでは例外であり、例外でなければならないものと考えられていた。

植民地帝国は確かに衰えてはいたが、帝国が撤退する空隙をねらって利権を求める合意がワシントンにあったとはいえない。それでも結果としてみれば、植民地帝国に代わってアメリカの影響力が非西欧世界に拡大することになった。

それでは、本国から離れたそんな地域に、どうしてアメリカは関与したのだろうか。すぐ出てくる議論が、資源や市場を求めたという解釈だろう。だが、この説明も、アメリカの場合にはうまく当てはまってくれない。

経済的動機からアメリカの政策を説明する試みを展開したのは、冷戦研究をさかんに進めてきた修正主義学派と呼ばれるグループだった。ことにウィリアムズの『アメリカ外交の悲劇』が著されてから、市場と資源へのアクセスを確保する過程として冷戦戦略を捉える視点が広がり、ベトナム戦争の後には広く受け入れられることになった。そのなかには、たとえばコルコ夫妻のような新植民地主義論に近い表現もあれば、コーポラティズム概念を駆使して国家・企業・市場の関わりを解明するホーガンの業績もあるように、さまざまに異なる方法がとられており、議論の構成にも、また政治的な立場にも、かなりの違いがある。

これだけ多様な研究を素朴な経済還元論として一蹴することは難しいだろう。だが、経済的動機によって、アメリカ外交のそれぞれの展開を説明する試みは、必ずしも大きな成果を挙げたとはいえない。市場の確保と領土獲得が同じ意味で語られてきたかつての帝国とは異なって、アメリカは自由貿易を原則に掲げて市場開放を求め、そのために経済的な動機と政治的支配や軍事行動とが直接には結びつかなかったからである。

通貨と貿易で優位にある大国にとって、領土や保護主義によって市場を囲い込む必要はない。むしろ植民地支配や保護貿易が広がれば、その大国が市場にすることのできない地域が広がるだけに、却って経済的には不利益となってしまう。市場を確保するためには領土の拡大が妨げになりかねないという逆説が、アメリカ外交における政治と経済の分断を招き、経済的動機の解明を難しくしてしまう。

さらに第二次大戦後のアメリカは、抜きんでた国際通貨と、工業生産における圧倒的な比較優位を持ち、その富を脅かすような経済大国は、少なくとも一九六〇年代の末になるまでは現れていない。大戦直後の二〇年についていえば、そのあまりの豊かさのため、経済成長の道具として外交を使うような発想は乏しかった。戦略や外交の手段として援助などの経済的手段が用いられることはあっても、経済成長や個別企業の利益が反共政策よりも優先されるという場面は、ごく限られていたといってよい。

かつてイギリスの歴史家ギャラハーとロビンソンは、一九世紀初頭におけるイギリスが海外領土の模索からやや後退した時期を捉えて、それは帝国からの後退ではなく、むしろイギリス経済の優位を背景とした自由貿易の帝国の形成に他ならないと述べた。ナポレオン帝国の挫折とドイツ統一に挟まれたこの時代には、イギリス経済は内外で圧倒的な優位を誇り、領土的支配に頼らなくても市場を得ることができたからだ。ギャラハーとロビンソンは、そのような、直接に支配することなく海外市場を確保した帝国を、「非公式の帝国」と定義した。

「非公式の帝国」という用語は、第一章で取り上げたマイケル・ドイルも用いている。ドイルの場合は、植民地という公式の領有に頼らない権力行使を帝国という概念に含めるために、公式と非公式という区別を立てていた。これに対して、ギャラハーたちの「非公式の帝国」概念は、市場に対する影響力の確保という経済的目的によって、領土としての支配よりも広い範囲への影響を及ぼすものとして「非公式の帝国」を定義している。これは、ドイルの用法に比べると、より伝統的な帝国主義論の系譜を引いたものといえるだろう。

領土にはしないで市場を確保するという現代の帝国の特性に光を当てたギャラハーとロビン

ソンは、領土にはせずに権力は行使するという特性に焦点を当てたドイルと同じように、帝国概念の発展に画期的な貢献をしたといってよい。だが、これらの業績は、ともに現代アメリカを明確に念頭に置いて議論を構成しているにもかかわらず、その叙述のなかでは過去の帝国支配を題材とする禁欲的な歴史叙述に終始している点が、やはり物足りない。領土獲得という動機と切り離せないスペインの海外進出や、海外領土を失うことのなかったイギリスとは異なって、領土的支配に頼ることなく巨大な市場を保持したアメリカこそが、非公式の帝国にほかならないからだ。

アメリカによる地域介入が生まれた動機について、もう一つ、市場の確保や資源の確保ばかりでなく、冷戦期における軍事戦略そのものが、世界の周辺地域が持つ政治的意味を押し上げた、という面にも目を向ける必要がある。資源に恵まれた新興独立国は、決して多くはなかった。そのほとんどが経済的に貧しいために、魅力的な国内市場にも恵まれてはいなかった。通常の軍事戦略であれば、東西ドイツの国境などよりもベトナムやキューバが重視されるはずもない。ところが、冷戦という体制の特殊性のために、それらの周辺諸国には異例の重要性が付与されたのである。どうしてだろうか。

第一の理由は、体制選択の政治的重要性である。

もとより政治経済体制の対抗である冷戦のもとでは、土地の政府がどちらの大国と結ぶかによって、大国の勢力圏が左右されてしまう。それだけに、実際の戦闘だけではなく、その国がどちらの立場をとるのか、西につくのか東につくのか、その体制選択によって勢力圏の規模が変わってしまうことになる。その結果として、国際関係の中心から離れた小国の政情が冷戦の勝敗を決するかのように注目されてしまう、という倒錯が生まれた。

第二に、核戦略の特性のために地域の軍事的意味が高まった。

核抑止戦略を核保有国が採用する状況においては、もっとも大きな被害が予想される戦争ほど抑止戦略が働きやすい、という逆説が生まれる。核保有国の間、たとえばアメリカとソ連の間で核戦争が起これば、その被害は予想しやすい。だが、非核保有国にさしのべられた核の傘(拡大抑止)の場合は、一方の核保有国が非核保有国を核で脅しても、他方の陣営の核保有国はその非核保有国を見限ってしまう可能性がある。そして、戦略的な重要性の低い地域であればこそ、核戦争にエスカレートする危険は低い。

つまり、核保有国相互の紛争に近づくほど戦争が戦いにくくなり、遠のくほど核戦争へのエスカレートを恐れずに戦争が戦えるという倒錯が生まれるのである。戦う理由のない地域だからこそ安心して戦えるという核戦略のもたらした逆説のために、冷戦期における周辺地域が、異様に高い戦略的意義を与えられた。

協力者を求めて

植民地にしないのなら、その土地の政府を認めることになる。しかし、その政府がアメリカの政策に同意する保証はない。統治はしないが、影響力は行使したい。ここにアメリカの対外政策のジレンマがあった。

植民地であった各国が独立したとき、その独立政府がアメリカと協力し、指示に従う条件はどのようにすれば作ることができるのか。第二次大戦中には植民地から独立した諸国がいずれアメリカを支持するだろうという判断もあったが、そんな希望的観測は冷戦の始まりとともに裏切られてしまった。新興独立国が海外投資に対して国内市場を閉ざしたり、近隣諸国と独自の地域機構を作り、果ては東側諸国へと鞍替えしたりすれば、アメリカの政治的・経済的利益も損なわれることになるだろう。

それではアメリカを支持する政府を海外でどうすれば調達できるのか。また土地の政府に対して、どうやってアメリカの望む政策を受け入れさせるのか。どうすれば、できるだけ負担をかけずに、新興独立国が左傾化することを食い止めることができるのか。冷戦期におなじみの政策課題が、こうして生まれる。

独立した政府に対して、独立した政策決定を許さない。この点では、アメリカはヨーロッパでもアジアでも、政策目標に違いがあったわけではない。だが、ヨーロッパとアジアとでは、国家形成のありかたも、政治的安定も、まるで異なっていた。そのような地域の政情の違いが、冷戦戦略の効果を変えてしまう。

ヨーロッパの場合、革命の時代は第一次大戦後に終わっていた。ロシア革命が、その地域の社会主義革命の波を引き起こす可能性は、一九二〇年代とともに終わっていたのである。冷戦は、国家形成に伴う政治的危機が過去のものとなったヨーロッパを襲った現象であった。大戦後の東西分割とは、基本的にはソ連による進駐と直接・間接の占領であり、革命や内乱が懸念される地域は限られたものにすぎなかった。

それだけに、ヨーロッパにおける冷戦は、なによりも軍事同盟と勢力圏の分割に彩られ、対外政策の選択肢も、兵力配置や勢力均衡など、伝統的な国際関係の観念によって理解することができた。また、大戦中に米軍が派兵されたために、アメリカ外交や米軍に信頼を寄せる世論が、ヨーロッパの各国にはあったことも見逃せない。

それに対してアジアでは、冷戦と植民地帝国の解体という変化が同時に進み、独立後の政府も政情不安や内乱の脅威にさらされていた。本来アメリカにとって、植民地の独立はアメリカの影響力の拡大をもたらすものと考えられていた。だが、中国本土における共産政権の樹立と朝鮮戦争によってその希望的観測は破れる。独立国が共産化する可能性が示された以上、共産化は阻止しながらも独立は促進する、という新たな政策課題が生まれた。

植民地権力が撤退するという流動的な状況のなかでは、アメリカが手を貸してその地域の国家形成を促進しなければ、共産化の阻止と独立の促進を同時に達成することなどは考えられない。国家という枠組が安定していたヨーロッパ諸国を相手にするときとは異なって、アジアへのアメリカの進出は、外部からその地域に政府と国家を形成するという、特殊で困難な課題を担うこととなったのである。

そして、まさに外から権力をつくる作業であるだけに、アメリカがそのような介入を行うならば、宗主国に代わって新たな支配を展開する帝国として見られることも避けられない。歓迎を受けるどころか、反撥される可能性もあった。

植民地帝国の支持者ではなく、また共産主義にも片寄らない、現地政府の指導者、「協力者」が必要となったのは、そんな手詰まりの状況のなかであった。民衆の厚い支持を集め、民主主義を信奉し、改革的で、共産主義と毅然として戦う、そんな協力者があれば、アメリカの理念も、非公式の帝国としての経済的・戦略的利益も、ともに保全することができるだろう。植民地としては本国に従属せず、だが本国のいうことはきく政府をつくるためには、そのような、いうことをきいてくれる指導者が必要になった。

だがそんな指導者が都合良く現れてくるはずもない。リベラルで、親米で、しかも有能な指導者の代わりに、アメリカは、李承晩のような「軍国主義者」を、吉田茂のような「封建主義者」を、そして蔣介石のような「腐敗した独裁者」を発見することになった。

冷戦期にあっては、実際に安定した政府を支え、国内治安を維持できるのか、またアメリカとの同盟をなによりも重視し続けるのか、そんな現実的判断の方が、その協力者のモラルや政治的信条よりも重要だった。民主政権であっても反米に傾く可能性があれば手を組むのは危険だったし、実効的支配さえ保てるのなら独裁政権でも致し方ない。だが、その土地では実力者だからといって、意に添わない協力者の統治を認めてしまえば、アメリカの求める政策が採用される公算は薄い。

現実にいる権力者の承認と、理想の協力者の発見のどちらを選べばよいか、という「協力者のジレンマ」は、その協力者に対してどこまで介入すべきか、という「介入のジレンマ」と裏表の関係にあった。「いうことをきく」政治家を配置するためには、内政への隠微な干渉、ときにはクーデタのような介入が必要となる。しかし、そんな介入をすればナショナリズムによる反撥を招き、政府と世論を反米方向に押しやるかも知れない。アメリカがその政府の内政へ介入を進めた結果として、現地政府が却って弱体化してしまう危険もある。介入を進めるほど、必要な予算や人はもちろん、政策のリスクも高まることになるだろう。

さらに、地域介入の増大は、その地域の紛争をアメリカが肩代わりすることで、紛争の「アメリカ化」を進める可能性も残る。紛争の規模が拡大した場合、中ソとの直接の戦争までもが想定される段階までエスカレートしかねない。そして最終的には、冷戦期の軍事戦略における最大の難問、つまり、地域紛争に核を使うのか、という選択が浮かび上がる。核を使えば世界戦争へとエスカレートするかも知れない。だが、核を使わずに地域での影響力を保てるだろうか。

このように、現地協力者の選択という、それ自体は極端に限られた問題でも、いったん扱いを誤ればパンドラの箱を開けてしまうのである。直接統治をしない非公式の帝国にとって、その理念と利益に応えるような意に添う政府を確保することは不可欠の条件であるが、そうした意に添う政府など、容易には見つからない。非公式の帝国として影響力を保とうとする限り、この協力者のジレンマから逃れる術はなかった。

ここでは、冷戦初期の東南アジアにおいて、政治工作によってこの地域に二つの政府をつくりだした工作員、エドワード・ランズデールを取り上げてみたい。ランズデールの物語には、表だって語られる自由の戦士の物語には見られないような、陰惨な暴力が満ちている。だがランズデール本人が、自由のために戦うという使命感を疑うことはなかった。

ランズデールの物語は、本来は権力制限の理念となるはずのデモクラシーが、海外で「国家形成」を行うイデオロギーに転化したとき、どれほど無制限の権力行使を生み出してしまうのかを教えてくれるだろう。

マンボ・マグサイサイ

一九五〇年六月に北朝鮮軍が三八度線を越えて侵攻すると、アメリカのアジア政策の見直しがはじまった。かつては実現が難しいとされた世界規模の封じ込め戦略も、国家安全保障会議文書六八／二号の採択とともに正規の戦略となる。中国の共産化も朝鮮戦争も、繰り返してはならない失敗だった。新たな脅威認識が生まれることで、東南アジアの地域紛争を見る目も一変する。

すでにフィリピンでは、日本占領に抵抗してきたゲリラ勢力が、独立したばかりの政権に対する武装抵抗を始めていた。抗日人民解放戦線として組織されたフクバラハップ(通称フク)が、日本軍が撤退した後に戻ってきた地主などへの抵抗を始めたのである。地域としてはルソン島中部地域にほぼ限定されていたものの、ヌエバ・エシハ州やタルラック州などでは地方権力の一角を占めるところまでフクの勢力は伸びていった。

フクの反乱に対し、当初のアメリカはほとんど関心を示していない。それは共産革命の脅威というよりはフィリピン国内の「法と秩序」の問題であり、国外からの軍事介入が必要となるような武装反乱ではないと捉えられていたのである。

ところが朝鮮戦争が勃発すると、中国・朝鮮に続いて共産化が懸念される地域として、フィリピンも浮上し、フクの脅威が急激に重視され始めた。米軍統合軍事顧問団(ＪＵＳＭＡＧ)の一員という装いのもとに、ＣＩＡの諜報員エドワード・ランズデールがマニラに派遣されたのは、その頃である。

第二次大戦期の諜報機関であるＯＳＳの情報将校として従軍し、一九四八年までフィリピンで軍務についた経験もあるランズデールは、フィリピン政策について明確な判断を持っていた。

フクとの対決には軍事力だけでは不十分だ。伝統的な特権層が権力に居座り、腐敗と不正が続く限り、フクを打倒はできないだろう。フクと共産党が守るものとされている「鉄の規律」を破るためには、果断な実行力のある、廉潔な政府が欠かせない。そしてその政府を担う優秀な人材が、何よりも必要だ。

こんな感想を漏らしたフィリピンへの訪問者はランズデールだけではなかったのかも知れない。だがほかの訪問者とは違って、ランズデールは実際に代わりの人材を選び、それまでの政府とは別の事実上の政府を、フィリピンに作ってしまったのである。

ランズデールの選んだ人材がラモン・マグサイサイ国防長官である。これまでのフィリピンの政治家とは異なり、マグサイサイは、名門地主のような出自の支えもなく政界に入っている。下院議員の頃から親交のあるランズデールにとって、マグサイサイこそ、彼の描くフィリピンの将来を担わせるにはぴったりの人物であった。ランズデールの求めに応じて、マグサイサイはそれまでの住居を引き払い、米軍統合軍事顧問団の居住地にあるランズデールの家に引っ越してしまう。フィリピン政府の国防長官が、米軍の軍事顧問と同じ家に住み始めたのである。

作戦の基本は心理作戦に置かれていた。広告会社に勤めた経験のあるランズデールは、土地の人心を撹乱する細工を施すのが、ことのほか上手だった。たとえば、吸血鬼が出るという噂の広がっている村では、その噂を利用した工作を行った。殺したフク兵士の首筋に牙の跡のような二つの穴を開け、足を上に持ち上げて体中の血を抜き、路上に戻すのである。仲間の死体を見て吸血鬼にやられたと思いこんだフクの一団は、翌朝になると丘から撤収し、おかげでマグサイサイは部隊を進めることができた。ランズデールが、その自伝『戦争のさなかに』のなかで、嬉しそうに書いている挿話である。

もともとフクの反乱とは、共産党の指導する革命というよりは、大規模な農民反乱であり、日本占領下の小作人たちが、既得権として耕作権を確保したことがその背景にあった。反乱の多くはルソン島の中部地域に限定され、共産党のラバ兄弟たちが反乱の指導や統制を始めたのも、反乱が起こってからごく後のことになる。マグサイサイとランズデールの共同作戦を前にして、フクの反乱は収束に向かっていく。

問題はフィリピン政府をどうするかだった。反乱の背後には政府の腐敗、非効率、不正がある、それが続く限りはフクの反乱も続くだろう、というのがランズデールの判断だった。国防相のマグサイサイとの連携を深めることによって、キリーノ大統領から国軍への影響力を奪い取ったランズデールは、次にフィリピン政治の改造に着手する。

キリーノが病気治療のために訪米中であった機会をつかみ、まず選挙管理委員会による依頼という形をとって、次期(一九五一年)中間選挙が公正な選挙となるよう、国軍に協力を要請した。その要請と相前後して、今度はランズデールの工作によって、市民レベルで選挙監視を行うための民間団体、「自由選挙のための国民運動(NAMFREL)」もつくられる。すでに国防政策への影響力を失ったキリーノは、国軍と選挙監視団体による二重の監視の下に置かれたこの中間選挙に敗北し、議会における足がかりを失なってしまった。

五一年選挙の成果をもとに、五三年には、マグサイサイは大統領候補として出馬する。NAMFRELによる選挙不正の監視によって、キリーノの運動への統制が事実上加えられた。さらに、草の根までマグサイサイ支持を広げるための広報活動も大規模に進められた。「マグサイサイじゃなけりゃ、デモクラシーは死んじゃうよ」と歌う「マンボ・マグサイサイ」は、フィリピンを席巻するヒット曲になった。

この五三年選挙における米軍の関与は、五一年の頃よりさらに明瞭となった。米軍士官がマグサイサイ派の活動を支援した現場をフィリピン政府に押さえられる、という事件さえ起こっている。だが、ことフィリピンの場合、アメリカによる強力な選挙干渉は、却ってマグサイサイの国民的人気を高めるという結果をもたらした。膨大な選挙資金と徹底した草の根の選挙キャンペーンによって、マグサイサイは大統領選挙に圧勝を収めた。

おとなしいアメリカ人

マグサイサイの当選を見ることなく、フィリピン政府によって選挙活動における内政干渉を咎められたランズデールは、一九五三年に、国外退去を求められてフィリピンを離れる。フィリピン政府にとって内政干渉の元凶であったランズデールは、まさにその干渉が成功をおさめたために、ワシントンでは英雄として迎えられる。その彼が向かった次の任地が、ベトナムだった。

一九五四年五月にディエン・ビエン・フーで大敗を喫したフランスは、すでにベトナムにとどまる力を失ってしまった。だがジュネーブ協定に約束された選挙を実施すれば、共産勢力の勝利を阻むことはできない。このジレンマを打開するためには、フランス植民地支配に反対し、共産主義にも屈しない、親米的な「現地の協力者」が必要となった。

事実上アメリカに亡命中であったカトリック教徒のゴジンジェムは、格好の人材のように見えた。フランスの意向に抗してアメリカ政府はバオダイ帝に圧力をかけ、ゴジンジェムを首相として認めさせる。このゴジンジェムをベトナムのマグサイサイとすることが、ランズデールの任務となった。

だがそれは容易なことではなかった。ゴジンジェム政権そのものが弱体な上に、フランスの支配に抵抗した解放勢力ベトミンの残党が、なお抵抗活動を続けていた。フランス政府はゴジンジェムへの反撥を隠そうともせず、アメリカ政府のなかにもゴジンジェムの能力を疑う声があがっていた。

この苦境のなか、ランズデールは政権転覆を目指す軍事クーデタを阻止し、共産勢力への警察行動を飛躍的に強め、さらに、フランスの黙認の下でサイゴンの暗黒街を支配していた集団であるビンスエンに決定的な打撃を与えた。存在そのものが不条理の塊のような政権を、ランズデールは長生きさせてしまったのである。アメリカの支持をつなぎ止めたゴジンジェムは、バオダイ帝を退位へと追い込み、自ら初代大統領に就任する。ゴジンジェム擁立によって、フランスのベトナムは、アメリカのベトナムへと決定的な転換を遂げた。

だが、ゴジンジェムはマグサイサイではなかった。マグサイサイは、遠隔地における農地の開墾や限定的な農地改革など、ランズデールの勧める政策の多くを、少なくとも表面的には実施している。他方、ゴジンジェムは、農地改革には強力な抵抗を示し、国内行政の刷新にも熱意を示さず、要するに改革者としてのポーズを示そうとさえしなかった。

カトリックの信者であることも、南ベトナム国内におけるゴジンジェムの孤立を招いた。もともとよりベトナム社会におけるカトリック教徒は、フランス統治に近い立場をとるものが多く、またそう見なすベトナム人が多かったため、ベトナム国内では反撥を招く存在であった。ゴジンジェム本人にはフランス統治に抵抗した経験があったが、それでもフランスに対する独立戦争に勝利を収めたホーチミンと比べれば、ナショナリストとしての信用やカリスマの点では比較にはならない。

これに加えてゴジンジェムは、カオダイやホアハオなどの宗教結社に対しても苛烈な弾圧を加え、結局ゴジンジェム本人とその家族以外のすべてのベトナム人を敵に回すような状況を招いてしまう。ゴジンジェムはベトナム問題の解決になるどころか、彼自身が問題の元凶となってしまった。

ゴジンジェム時代のベトナムに舞台をとったグレアム・グリーンの小説『おとなしいアメリカ人』には、東洋における「第三の道」を求めるアメリカ人、パイルが登場する。植民地支配でも共産主義でもない第三の道を求め、アジアにデモクラシーをもたらすことを訴えるこの理想主義者は、その理想を実現するためには、自転車に爆弾をくりつけ、乗り手ごと爆破するような手段も厭わない。物語の語り手のイギリス人は、善意のためにこれほど多くのトラブルを引き起こした人を私は知らない、と述べている。

ランズデールは、五六年にベトナムから帰る。帰国後のランズデールは不遇だった。かねてから望んでいた南ベトナム大使の職を得ることはできなかった。ケネディ政権となってからは、キューバのカストロ政権転覆をねらったマングース作戦という秘密工作の指揮にあたり、この無謀な作戦が惨めな失敗に終わったため、さらに信用を落としてしまう。六五年から六八年にかけて、大使の補佐として再び南ベトナムをランズデールが訪れたときには、すでにゴジンジェムはクーデタで追放され、自由の砦となるはずだった南ベトナムには、第三の道などは冗談にしか聞こえないような荒廃しか残されてはいなかった。

グレアム・グリーンに倣っていえば、ランズデールは、アジアにデモクラシーをもたらすために努力を惜しまない、どこまでも善意の人だった。そして、その土地では考えられないような権力を持って訪れたその善意の人が、破滅的な規模の「トラブル」をベトナム社会にもたらしてしまったのである。

闇の奥へ 100

絶え間ない治安作戦によって、ゴジンジェム政権は五九年頃までにベトミン戦力をほぼ一掃するが、その結果として新たな反乱を招いてしまう。この状況を前に、いったんは南への関与から手を引いていた北ベトナムは、新たに生まれた抵抗勢力をその指導下におくためにも、南部勢力への援助を再開する。北の支援する南の反乱、というベトナム戦争の原型がこうして生まれる。

もはや、ゴジンジェムを辞めさせるほかには手段がなかった。ケネディ政権は介入を繰り返し、最終的には、間接的とはいえ、ゴジンジェム政権を転覆するクーデタまで引き起こした。だが、ゴジンジェムの代わりとなる指導者も協力者も、南ベトナムにはいなかった。ゴジンジェム政権を倒した後もクーデタが相次いだため、政府はさらに国内の支持を失い、アメリカの支援への依存ばかりが深まっていった。現地の政府をすげ替えることによって、アメリカはそれまで以上の泥沼に引き込まれたのである。南北ベトナムの対立も、南ベトナムに梃子入れをするという戦争ではなく、アメリカがその兵力を直接に投入して、北ベトナム政府と南の解放戦線の双方と戦うという戦争に変わっていった。

限定的な介入が成功しない状況を前に、一九六五年にジョンソン政権は、北ベトナムに対する空爆を公然と開始する。一九六八年にかけて激化した軍事行動は、しかし、一月のテト攻勢を防ぐことはできなかった。予備選挙ではマッカーシー議員に破れ、ロバート・ケネディ元司法長官の出馬にも脅かされたジョンソンは、大統領選出馬を辞退せざるを得なくなった。ベトナムという辺境における政治工作として始まった介入が、アメリカ内政を揺るがしたのである。

ベトナム戦争は一八一二年以来、アメリカが初めて実質的に負けた戦争である。その第一の帰結は、アメリカ国内における政府不信の高まりだった。政府はたえず何か隠しており、国民を騙しているのだという考えが、ベトナム戦争に関する秘密文書であるペンタゴン・ペーパーズの公開などによって高められたのである。

政権への不信は、アメリカの政治のしくみ、システム自体への不信を招き、アメリカは解放者ではなく、抑圧する側であり、殺す側ではないか、といった考え方も生まれていった。たとえば、ベトナム戦争から帰ってきた帰還兵たちの一部は、戦争を肯定するどころか、むしろ戦争の実状を暴露した。戦争は解放ではなく、悲惨な暴力に過ぎないのだと、戦場に行った兵士たちが自ら発言したのである。化学会社ダウケミカルによって行われたナパーム弾の開発に対しては、アメリカ全土で反対運動が広がった。政府ばかりか、企業に対する不信も高まっていった。

日本における第二次大戦の経験を引き合いにするまでもなく、戦争に負けない限りは破れることのない幻想があり、戦争に負けることによって初めて見えてくる現実もある。ベトナム戦争は、自由の戦士としてのアメリカの自己イメージを揺り動かす事件だった。

ベトナム戦争で負けた後も、アメリカの自画像のすべてが問われ、書きかえられたとはいえない。何よりも、ここでは戦争がアメリカの悲劇として語られ、誰に対してどのような危害が加えられていたのかは語られていない。アメリカの戦火がどのような犠牲者を生み出したのか、それが伝えられる場面はごく少なかった。

これを限界だとして批判することもできるだろう。しかし、アメリカ人によるアメリカ人のために作られたフィクションの世界を揺るがす事件として、ベトナム戦争の持った意味は、やはり大きなものだった。アメリカは世界の人々に自由をもたらすどころか、世界の人々に戦火と災いをもたらし、また自国の国民からも自由を奪ったのではないか、という疑いを生み出したからだ。それはまた、アメリカの対外的な関与を醒めた目で見つめ直す、戦後アメリカ史でも数少ない機会を提供することになった。

地獄の黙示録

コンラッドの中篇小説『闇の奥』では、ヨーロッパによる植民地支配の暗部が描かれている。リビングストンの探検によって語られ、アラブの奴隷商人を排除するために進められたはずのコンゴ進出は、鎖でつながれた黒人の強制労働に頼る、象牙利権などを求めた途方もない暴力に過ぎなかった。その『闇の奥』に示唆を受けて、ベトナム戦争の実態を描くべく企画された映画が、フランシス・フォード・コッポラ監督の『地獄の黙示録』(一九七九年)である。

ベトナム戦争の時代のアメリカは、アメリカ映画にとって画期的な転換期だった。わかりやすいフィクションによりかかってきたアメリカ映画が、それまでは表現されなかった現実に目を向けはじめ、映画に映される「現実」を塗り替えてしまったからだ。

『M★A★S★H』(一九七〇年)や『タクシー・ドライバー』(一九七六年)に見られるように、ハリウッド新世代の監督たちは、自分の目で見た現実を定着させるべく、わがまま放題に「監督の映画」をつくっていった。その新世代の監督の中でもコッポラは、早くから注目されていた。『ゴッドファーザー』二部作(一九七二、七四年)ではアカデミー賞を九部門で、また『カンバセーション…盗聴…』(一九七四年)ではカンヌ映画祭グランプリを受賞し、名声の頂点に立ったコッポラの次の企画が『地獄の黙示録』だった。

『地獄の黙示録』は、製作過程の破滅的な混乱によって知られる映画である。主演俳優は次々に変わり、マーロン・ブランドは太りすぎのうえに言うことを聞かず、ロケ地のフィリピンでは台風と内戦が襲いかかり、製作資金は一二〇〇万ドルから三〇〇〇万ドルへと倍以上に膨れあがってしまった。さらに丸一年を越えた撮影が終わっても編集作業は進まず、破産の淵に立ったコッポラは、「これはベトナムについての映画ではない、この映画がベトナムなのだ」などと、譫言のような発言を続けた。

『地獄の黙示録』が企画された一九七六年から完成した七九年までの間は、アメリカがベトナム戦争の傷から次第に立ち直り、『タクシー・ドライバー』の荒廃から脱却して、『ロッキー』(一九七六年)の夢と『スターウォーズ』(一九七七年)の冒険に向かっていった時代と重なっている。傑作として受け入れられるはずの時代に企画されたこの映画も、映画が完成したころには時代はずれの存在になっていた。カンヌ映画祭ではグランプリをとったものの、それは、けっこうなものをどうも、という挨拶だけのような授賞だった。そして『地獄の黙示録』が、監督としてのコッポラに事実上の終止符を打つことになる。その後のコッポラは『コットンクラブ』(一九八四年)などの、緊張感の乏しいドラマづくりに退却していった。

コッポラは、自分では捉えられない現実を表現しようとして、立ち往生したまま沈んでしまったのである。それまでの戦争映画は、手頃な活劇のために戦争を使うのでなければ、英雄追悼と慰霊とか、あるいは戦争犯罪の告発とか、何らかのモラルを潜ませ、それによりかかって戦争を表現するものだった。そこでは戦争の姿がそのものとして描かれることもなく、観客が受け入れやすいように組み立てられた物語や筋書きのなかに押し込めるように、取捨選択とお化粧を加えたうえで、観客の期待や先入観に背くことのない「戦争」が描かれていた。

これに反して、コッポラの描こうとした戦争には、観客による消化を助けるモラルも物語も何もなかった。戦争に賛成することでも反対することでもなく、物語やフィクションをはぎとり、戦争の真の姿を捉えることだけがコッポラのモラルになっている。

ところが、戦争の真の姿など、そう簡単には見えて来るものではない。それどころか、コッポラがそんな映画を作るプロセスそのもの、つまり、真の戦争を描くために何人ものアメリカ人とともにフィリピンに陣取り、軍に賄賂を渡してわたりをつけ、ナパーム弾の攻撃のように見せるために大量のガソリンによって森を焼き払い、イフガオの人々をベトナムの山岳少数民族のように偽装して出演させること、それらのすべてが、まるでアメリカのベトナム介入のように不条理な暴力だった。フィクションで語られた戦争からフィクションを取り除いた後に残ったのは、闇の奥だけだった。

虚構に戻る旅

『地獄の黙示録』の始まりでは、戦争が空から描かれている。この映画で最も有名となった、ヘリコプター部隊が村を襲うシーンでは、味方をやられる可能性の低い戦闘のなかで敵をなぎ倒すことによって得られる、一種の倒錯した喜びが観客の感覚に刻み込まれていく。

だが映画が先に進むにつれて、カメラの位置は、空からの俯瞰から降りて、地面と水面へ、そして敵と味方が隣り合わせのように接しあう白兵戦の空間へ向かってゆく。そこでは墜落したヘリコプターが樹上に刺さったまま炎上し、昼に架け直した橋が夜には破壊され、誰が指揮官かもわからないままに兵士が機銃を乱射してまわるような戦場が出現する。安全な上空から正義や勝利を語る軍人は姿を消し、味方の殺される戦争と、殺されるぐらいなら殺す方が先だという戦いの現場が現れる。

そこに表現されているのは、ハリウッドによる加工を極力取り除いた、地肌のままの戦争である。攻撃をする側も反撃する側も、ただ生き延びるための暴力の中でもがいている。そこには正義などあるはずもない。しかしコッポラは、戦争に反対する正義を語るわけでもない。画面の中では、暴力が、ただ意味もなく重ねられているだけだ。

ここにはまた、帝国としてのアメリカと、そのアメリカの支配下におかれた人々との間に開いた落差も捉えられている。「やつら」の住むところは、アメリカ人から見ると理解できない世界であり、民主化とか自由化などというつくりごとのような外の世界のことばが及ぶところではない。同じ情報将校でも、現実の工作員であったランズデールは希望的観測を通してアジア社会を加工することができた。ところが、映画の中の工作員ウィラードは何の幻想もなく、自分たちとは違う人々を、なすすべもなく、眺めている。

そのために、アメリカと他の世界との接点も、急に異様なものとして自覚されることになる。ナチからヨーロッパを救うとか、共産主義からベトナムを救うとか、そんな大義名分を信じていた時代であれば、なぜ戦場にいるのかが疑われることも少ない。その大義が退いたとき、その場にいる必要がなく、またいるべきでもない人間として、自分を見る視点も生まれる。アメリカの外から見て、アメリカという帝国はどんな意味があるのか、その問いがアメリカ人によってはじめて自覚されたのである。

コンゴの川をさかのぼるコンラッドが帝国の暗部にとらわれ、『地獄の黙示録』のなかで戦争に絶望したカーツ大佐がカンボジア奥地に狂気の王国をつくるように、コッポラは、真の戦争を探るという道のりのあげく、アメリカから遠く離れたところで、これまで見たこともない人々に対して権力を行使することが伴う、徹底した不条理を思い知らされることになった。ハリウッドの文法とか、決まりきった筋書きなどの支えを拒否しただけに、ハリウッド映画をつくること自体がどれほど乱暴な行為なのか、コッポラはそれまでは意識しなかった自画像を映画をつくることを通じて突きつけられたのである。

『地獄の黙示録』がつくられてから二〇年が過ぎた。自己愛に奉仕するような虚像から外れた戦争表現は、すっかり衰えてしまった。それまでにない現実を切り取り、表現として定着することよりも、『インディアナ・ジョーンズ』や『インディペンデンス・デイ』のように、観客の共有する価値観、社会通念、時には偏見に寄り添うような表現への回帰が進んでいった。

それはまた、ベトナム戦争の帰結を忘れて、ランズデールの理想主義に戻るアメリカ社会の旅と重なっている。ベトナム戦争に敗れた後も、アメリカが軍事的に圧倒的なパワーを保持する、という事情が変わったわけではない。かつての失敗を繰り返さないようにゆっくりと、ニカラグアで、レバノンで、パナマで、地域介入の数も規模も増えていった。

世論は負けた戦争には厳しくても、短期間に勝利を収める戦争には優しい。ベトナムの傷が癒えることは、介入への敷居が低くなることと同じだった。

そして、冷戦終結とともに、アメリカの対外的影響力を正義と結びつける議論も全面的に復活する。冷戦期には、地域への軍事介入が、帝国の裏庭における汚い戦争として見られることも多かった。だが現在では、人道的介入の正当性は自明のように語られ、目的達成に用いられる手段について、改めて吟味を求める声は少なくなってしまった。米軍があればこそ世界から不正を除くこともできるのだとか、米軍が関与することで世界各地の自由も保たれるのだとか、そんな極端な、あからさまな議論を見かけることも、決して珍しくはなくなった。

こうして、ランズデールのような、外から工作して「よい政府」をつくる時代が戻ったかに見える。だがアメリカでも、フィクションの陰にこぼれた現実をみつめ、それに表現が与えられた時期が、かつてはあった。『地獄の黙示録』のなかでは、アメリカ社会の忘れてしまった戦場が、いまなおスクリーンの上に息づいている。

第四章　正義の戦争

地域介入の復活

ベトナム戦争が終結した一九七五年から現在にかけて、「正しいアメリカ」と「正しい戦争」への回帰が一方的に進んだわけではない。その過程では、さまざまな政策の揺れも、また帝国とは異なる秩序を構築する機会もあった。その、いわば失われてしまった歴史の機会として、ベトナム終戦と冷戦終結という、二つの「戦争」終結期がある。

入江昭は、ベトナム戦争の終わった時代が、国際秩序を変える転機となりえたかも知れないと述べている。ベトナムから米軍が撤兵したから、だけではない。冷戦期の緊張については米中接近と米ソ緊張緩和(デタント)が進み、ドイツでは東方外交とともに東西ドイツの対立が和らぎ、ヨーロッパではヘルシンキ宣言が発表された。「米ソ首脳部が冷戦の終わりを語り、アジアの局地紛争にも終止符が打たれた一九七〇年代こそ、新たな国際秩序の概念を作り出すべき絶好の機会であった」という指摘である(入江、二〇〇〇年、一九三頁)。

卓見というべきだろう。覇権にも競合にも依存しない国際協調を基礎においた秩序を形成するためには、七〇年代の中葉は貴重な機会だった。アメリカが戦火よりも外交による影響力の確保をはかることで、ヨーロッパで、また東南アジアでも、それぞれの地域を舞台とした政策協議や地域協力が進められるようになっていったからだ。

秩序形成の主軸は、政治的・軍事的争点から経済的領域へと緩やかに転換し、そのために国際協力やその制度化も、それまでより進めやすくなった。排他的な利害対立を招きやすい軍事領域に比べれば、経済政策の協議では、合意の制度化がまだ達成しやすいためである。

だが、このような秩序形成の好機は、アメリカ社会から見れば、アメリカの影響力が衰えた時代のようにも映った。たとえば、ドイツのブラント首相が先導した東方外交は、ヨーロッパにおける東西対立を大きく緩和したが、アメリカ政府の意思を反映したものではなく、その限りではアメリカの影響力の後退として解釈することもできた。米中接近も米ソ・デタントも、アメリカの提示した条件に相手の追随を求めるようには進めることができない。

国際経済における制度化が進んだこの時代は、また二回の石油危機によってアメリカ経済が大きく揺さぶられ、アメリカ国内における経済不安が高まった時期でもあった。しかも、国際協調を重視する外交をとる以上、アメリカが単独でイニシアティヴをとることは控えなければならない。そして主導権をとらないことが、ますますリーダーシップの不在や影響力の衰退というイメージを加速することになった。

さらに、七〇年代後半のソ連は、ベトナム撤退以後のアメリカが影響力を失いつつある、という判断に傾いていた。これに指導部のなかの硬直も手伝って、ブレジネフ政権は対米政策を硬化させ、譲歩を手控えるようになってゆく。七七年に大統領に就任したカーターが、第一次戦略核兵器制限条約（SALTⅠ）をさらに上回る削減をソ連に呼びかけたとき、ソ連は、にべもなく、この提案をはねつけている。第二次削減交渉の過程でもアメリカ側が譲歩を強いられ、その結果として生まれたSALTⅡ条約は米議会の批准を得られなかった。

第三世界地域との関わりを見れば、米ソの対照がさらに鮮明に浮かび上がる。カーター政権は人権外交を唱えながら、地域介入を手控える方針をほぼ堅持していたが、その同じ時代のソ連は、ニカラグア、アンゴラ、そしてモザンビークなどへ、直接に、あるいはキューバを介して、軍事援助と部隊の訓練を行っていた。七九年のイラン革命やそれに引き続く第二次石油危機をソ連の影響によるものだということはできないが、それらの政治変動を通じて、アメリカの退潮というイメージがつくられたことも否定できないだろう。

ソ連によるアフガニスタン侵攻と、それを引き金としたカーター政権末期における政策転換によって、アメリカの国際協調と不干渉政策の時代は終わりを告げる。

すでにカーター政権の下で、パキスタンなどを経由してイスラム・ゲリラへの武器供給と軍事訓練を打ち出し、アフガン紛争への関与が明確とされる。八一年以後はレーガン政権の下で地域介入はさらに加速され、エルサルバドル、ニカラグア、レバノン、グレナダ、リビアなどの諸国への軍事介入が次々に行われていった。

しかし、八〇年代に展開されたこれらの地域介入は、正義の戦争として世論に喧伝しながら戦われたわけではない。政策遂行のためには軍事力の行使も辞さないというアメリカの決意を各国に示さなければ、同盟国から信頼を失い、敵にはつけこまれてしまう、という判断が、これらの軍事介入を貫いていた。ベトナム戦争における失敗が「ベトナム・シンドローム」となってつきまとい、地域介入をためらわせる結果を招いてきた、この「シンドローム」を一掃しなければアメリカの対外的影響力は保てない、というのである。

これは優れて権力闘争から国際関係を解釈する視点であり、デモクラシーのような理念を通した政策遂行とは、かなりの距離がある。介入にあたって手を結ぶ相手を選ぶ際にも、レーガン政権にとっては、デモクラシーや人権を尊重するかどうかは問題ではなかった。また、実際の軍事行動でも正規軍には頼らず、大量の兵力投入もしてはいない。世論から隠れて小規模の部隊を送り、表の介入よりは裏工作に頼り、あるいは現地の武装勢力に秘密基地で訓練を施すなど、このレーガン時代の紛争介入は、陰にこもった性格が強い。それはまた、ベトナムにおけるような「泥沼の介入」を避けるために、慎重な工夫が加えられたあらわれでもあった。

地域介入は復活した。だが、ニカラグア内戦における反政府ゲリラ（コントラ）への支援のように、その内情の多くは国民の目からは隠されていた。アメリカの権力を保つために戦争は必要悪ではあっても、国民の誇るべき正義とは、まだ見なされていなかったのである。

冷戦の終わり方

軍事介入を辞さないアメリカの大統領の在任中に冷戦が終わったのは、歴史の皮肉というべきかも知れない。そのために、レーガン大統領が毅然としてソ連に臨んだのでソ連が音を上げたのだ、ねばり強く封じ込め政策を続けてきた成果として、悪の帝国に勝利を収めることができた。そんな、「冷戦に勝った」という解釈が生まれたからだ。

だがその冷戦終結も、当初から封じ込めの勝利として「祝福」されたわけではない。むしろ、冷戦終結期の前半にあたる一九八五年から八八年頃にかけての時期を見れば、まるで違う構図を見ることができるだろう。

米ソ関係における緊張緩和よりも早い速度で、ソ連と西ドイツやフランスなどの西欧諸国との緊張緩和が進み、「欧州共通の家」などのことばも交わされていた。東西の接近によってヨーロッパの分断に終止符が打たれようとするとき、封じ込め戦略のような冷戦期の発想に固執し、たとえばスターウォーズ計画を撤回しようともしないレーガン政権の方が、時代に取り残された存在であるかのように見えた。冷戦の終結は多国間協調の始まりになるという期待がそこにはあった。

だが、そんな期待は満たされなかった。冷戦における「終わりの始まり」はソ連における指導部の交代と、それに伴うソ連の対外政策の転換だったが、その「終わりの終わり」は東側諸国における共産党支配の瓦解だったからだ。同じ冷戦終結とはいえ、八八年暮れまでに進んだ東西の接近と和解という冷戦終結が、八九年における東欧諸国の諸革命の後はゆるやかに暗転し、ソ連も含めた東側諸国における共産党支配の崩壊という冷戦終結に転換していった。

この転換とともに、冷戦終結の解釈が大きく変わることになる。理性の勝利としての冷戦終結に代わり、アメリカの「意志の勝利」としての冷戦終結が語られはじめたのである。

核兵器の恐怖の均衡をうち破ることではなく、核軍縮でソ連に妥協しなかったことが冷戦を終わらせたきっかけであるとか、ソ連における指導部と対外政策の変化が冷戦終結の引き金となったのではなく、逆にアメリカによる強硬な対ソ戦略があってこそソ連の政策も変わったのだ、などという解釈が、ことにアメリカのなかでは広がっていった。権力闘争を乗り越えた国際協調ではなく、果敢な権力闘争の成果として冷戦が終わった、という解釈である。

それでも、東西冷戦終結によって国際関係の大規模な組み替えや制度化が進むだろうという判断が、九〇年代の初めにはまだ残されていた。冷戦終結期は、やはり七〇年代中葉と並んで、新しい世界秩序を構築する機会ともなりえたはずの、貴重な時期だったのである。その時期に立てられた冷戦後のヨーロッパの青写真を見れば、覇権や競合ではなく、国際協調に基づく秩序をつくろうとする強い意思を見ることができるだろう。冷戦終結は、第二次大戦後に構想された不戦共同体や協調的安全保障を復活させ、全欧安全保障会議を基軸として、まさに欧州共通の家をつくる好機ともなるはずだった。

もちろん、国際政治の中の権力関係が忘れられたわけではない。だが冷戦終結期に懸念されたのは、共通の敵を失うことによって過去の国際対立が再燃すること、たとえばかつての独仏の対立が復活することなどの危険だった。そして、ロシア、フランス、さらにイギリスが東西ドイツの統一を受け入れることによって、そのような危険への憂慮も減っていった。

アメリカの果たす役割についても、アメリカに権力が集中することの効果よりは、アメリカが手を引くことの影響のほうが心配されていた。米ソ対立の終わりとともにアメリカが兵力を撤退し、かつての孤立主義のような立場に戻るのではないかという懸念が重要視されていたのである。「アメリカ一極集中」とか、「唯一の超大国」ということばこそ多く語られたが、それが現在の国際関係をどう組み替えるのか、力の分布の変化が生み出すシステムの変化とはどのようなものなのか、そんな点についての議論は少なかった。

アメリカのなかでも、冷戦後の国際政治における基本政策について、長い模索が続いた。ソ連の崩壊を受け、すでにアメリカの力の優位は明らかであったが、クリントン政権八年間の外交政策がその優位に頼った介入や単独行動に走ることは、案外少なかった。そこではむしろ世界各地における国際協調が優先され、それぞれの地域に力の均衡をつくることを対外政策の目的とし、その目的を達成するのに必要な限度で地域紛争への関与も行われたのである。たとえば、中東和平におけるオスロ・プロセスを実現するためにも、各国との周到な交渉が重ねられている。北朝鮮との関わりでも、中国や韓国を誘い込みながら、多国間秩序のなかに北朝鮮を誘い込もうとする外交努力が重ねられた。

このようなクリントン政権のもとの外交政策は、伝統外交の世界におけるバランサーとしての役割と国際協調主義を組み合わせたものとして捉えることができる。クリントン政権第一期のアメリカは、ようやく不況から脱しようとしていただけに、世論は海外への軍事介入よりも国内経済の回復を求めていた。経済再建を優先しなければならない状況の下では、たとえ唯一の超大国となっても、介入の拡大よりは対外関与を限定する方が、国内世論から見ても望ましい選択だったのである。

もっとも、ワシントンの容認できない行動に対しては、断固として単独行動を選ぶ場面もあった。クリントン政権はイラクに対して何度かの空爆を行っているが、その際に同盟国との間で行われた事前協議はブッシュ(父)政権と比べても少ない。また、九八年に起きたケニアの米大使館爆破事件に対抗してアフガニスタンとスーダンへ巡航ミサイルを発射した際にも、国連や同盟国との協議はほとんど見られなかった。

さらに、九四年の中間選挙の後は共和党が下院の多数派を占めるに至ったために、国際協調を優先する外交政策に対する批判も国内には増えていた。クリントン政権の八年間は、国際協調を原則としながらも、単独行動と多国間協調との間を振り子のように揺れ動いた八年間だった、といえるだろう。

このように、クリントン政権の八年を見る限り、冷戦終結期の夢こそは実現されていないものの、特に海外への介入を強めたり、単独行動に傾いたりする傾向が見られたとはいえない。国際制度を組み替える機会としての冷戦終結は必ずしも活かされなかったが、アメリカの「一極支配」ができたわけでもなかった。

もっとも、いったん軍事行動を起こしてしまえば、アメリカは、多くの国に頼らなくても戦争を戦えることが、次第にはっきりとしていった。ユーゴスラビアで内戦が始まったとき、EUも国連も実効的な解決を与えることはできなかった。その内戦はNATOの空爆によってはじめて収束し、そしてNATOのなかの実戦部隊は圧倒的に米軍によって占められていたのである。

湾岸戦争、ボスニア介入、さらにコソボ介入と順を追ってみてゆくと、それぞれの紛争においては多国籍軍やNATO軍などの国際的な部隊編成がとられてはいたが、部隊の比重は圧倒的に米軍へと傾いていったことがわかる。米軍にとって、各国と協議を繰り返しながら戦争をするよりも、各国協議なしの単独行動をとる方が、よほど成果を挙げやすかった。米軍なしの軍事介入には成果が期待できない以上、他の政府には選択の幅は限られており、米軍の指揮に従うほかはなかった。

期待されたような新秩序を生むことなく終わった冷戦は、アメリカへの権力集中とライバルの凋落を残した。だが、優位となったアメリカには、その軍事力を行使する意思も、世界各地に軍事的影響力を拡大する意思も決して強くはなく、むしろレーガン政権に比べれば地域介入の優先順位は低いほどだった。この構図が、二〇〇一年九月一一日に、すべて塗り替えられてしまう。

映画のような戦争

世界核戦争の恐怖からようやく解放された冷戦後の世界では、戦争とは、貧困と荒廃が続く地域の人々にのみ訪れ、彼らだけが犠牲とされる災厄になろうとしていた。先進工業国に住む人々であれば、戦争の犠牲者となる危険などほとんど意識することなく、日々の暮らしを送ることができた。戦争は、気の毒なところに生まれた人たちにふりかかる、気の毒なできごとのようなものになっていた。

まして、アメリカを戦場とする戦闘など、スクリーンのなかでしか考えることはできない。アメリカが軍事的優位を得るということは、そのアメリカを侵略するような敵がほとんどあり得ない、ということでもあった。力の集中と競合の消滅という、帝国形成に必要な条件のうちの二つは満たされていたのに、その武力の優位を利用した権力行使には、九〇年代のアメリカは走ろうとはしなかった。そんな必要がなかったのである。

それだけに、世界貿易センターが相次いで崩れ落ちるという九月一一日の惨事は、およそ非現実的な、スクリーンのなかのできごとのように見えた。二棟の高層ビルが崩れ落ちる姿は、映画『インディペンデンス・デイ』のなかでエンパイア・ステート・ビルの崩落する映像にそっくりだった。現実世界の戦争として予期されたものではない、映画のなかでしか起こらないはずの「戦争」が、現実に発生したのである。

できごとが映画のようだとすれば、国内の反応も映画のようだった。真珠湾以来はじめてのアメリカ領土襲撃、それもアメリカ本土を対象としたものとしては米英戦争以来の襲撃によって、ベトナム戦争はもちろん、朝鮮戦争や湾岸戦争の当時の世論とも比較にならないほど、徹底した一致団結がアメリカ社会にできあがる。朝鮮、ベトナム、湾岸は「外の世界」に出てゆく権力行使であっただけに、何らかの異論の余地があったのに対し、「内の世界」を攻められた以上、自衛と反撃は疑問の余地がなかった。映画のシナリオをそのまま現実に引き写したかのように、外敵の侵略を前にした「国論の統一」が実現し、これもまた映画と同じように、それまでは不人気に悩まされてきた大統領が英雄のような支持を集めるに至った。

「アルカイダ」と「オサマ・ビンラディン」は、『インディペンデンス・デイ』の宇宙人にも優に匹敵する、ほとんど戯画的な絶対悪となった。ブッシュ大統領は、九月一一日に「わが国民は、今日、邪悪を見たのだ」と演説し、その後は世界各国に向けて「われわれの味方でなければわれわれの敵だ(You are either with us, or against us.)」と繰り返し言明した。

宗教表現だけを見れば、映画よりも現実の方が片寄っていた、といってもいい。さまざまな宗教に一応の配慮を払った映画とは異なり、大統領は神への祈りを公式の場面で繰り返し、演説のほとんどを「神よ、アメリカに祝福を(God bless America.)」という言葉で締めくくっているからだ。国民世論から隠れて画策した八〇年代の地域介入とは反対に、ほとんど神がかりのような悪に対する正義の戦いを、すべての国民に向けて呼びかけたのである。

一〇月に入ってアフガニスタンへの空爆がはじまった後も、「絶対悪」と戦う時にはどのような手段が合理的なのか、また倫理的に許されるのか、そんな議論は、少なくともアメリカのなかでは、ほとんど見られなかった。絶対悪に対する自衛のためには手段を選んではいけないかのような、アメリカ国民の瞳に星条旗ばかりが輝く時代になった。

ブッシュ大統領のいう「新しい戦争」とは、テロリズムに対して刑事警察を動員するのでなく戦争によって反撃する点が、まず「新しい」ものだった。さらに、戦争における交戦団体であれば、戦時国際法によって当然に認められる地位や権利保障も、その「絶対悪」と目されたアルカイダ組織やタリバン政権の「捕虜」に対しては、ほとんど認められていない――それが捕虜なのか犯罪者なのか、その点さえもが争われた。この、相手からすべて奪うことも辞さない、あたかも宗教戦争の時代に逆戻りするかのような殲滅戦を展開した点においても、この戦争は「新しい」ものとなったといわなければならないだろう。

この戦争では、いったい誰が誰のために戦うのか、そこにもよくわからない点が残された。アメリカが攻撃を受け、アメリカが反撃するという事件でありながら、ブッシュ大統領は、「世界」や「文明」がテロとの戦争を始めたのだと、繰り返し発言した。たとえば、九月二〇日に両院に向けて行った演説では、次のように述べている。

これはアメリカだけの戦いではない。脅かされているのはアメリカだけの自由ではない。これは世界の戦いだ。これは文明の戦いだ。これは、進歩と、多元主義と、寛容と自由を信じる、すべての人々の戦いだ。

もし「世界」や「文明」が戦うのなら、アメリカの大統領だけがそれを代弁できるはずはない。国連の承認なしに軍事行動を起こすことも許されないだろう。だが、ブッシュ大統領は、これは自衛戦争なのだから国連の承認は必要ないと主張し、軍事行動の承認も国連に求めなかった。

ここでは、アメリカ国民の自衛なのか、「世界」や「文明世界」が自衛の主体なのかが曖昧にされたまま、アメリカが世界を代弁することは当然のこととして受け止められている。映画『インディペンデンス・デイ』において、「アメリカ」と「世界」の境界は常に曖昧であったことは先に述べた。「世界」を当然のように代弁した映画のなかの大統領と全く同じように、現実のアメリカの大統領も、アメリカと世界の区別を立てていない。

テロ組織を捕まえるはずだった戦争は、どこからか、アフガニスタンのタリバン政権との戦闘に変わってしまう。圧政のもとで苦しみながら自分たちではその圧政を取り除くことのできないアフガニスタン民衆を解放するためには、外からの関与が必要だ、ということになった。

ここで、『インディペンデンス・デイ』をなぞるように進められてきた戦争は、『インディアナ・ジョーンズ』の彩りも帯びてくることになる。アフガン空襲を正当化するなかで語られてきた「アフガニスタン民衆」は、『インディアナ・ジョーンズ』に現れたインドの村人と同じように、「無力な民」の抽象的なシンボルとなっている。アメリカが、無力な民を暴政から解放するという構図である。

空爆を開始した際、ブッシュ大統領は、「アフガニスタンの抑圧された人々は、アメリカとその同盟国の寛容を知ることになるだろう。軍事目標を攻撃しつつ、アフガニスタンの、飢えて苦しむ人々や子供たちには、食料、医薬品や物資も落とすだろう」と述べた。

爆弾と前後して落とされる援助物資を受け取ることによって、「アメリカとその同盟国の寛容を知った」ということのできるようなアフガニスタンの人々が、いったいどれだけいたのか、私は知らない。しかし、演説を聴くことのできたアメリカ国民にとって、アメリカはたしかに自由の戦士として戦っていたのである。短期の戦闘に勝利を収めた後、インディアナ・ジョーンズのように、あるいは静かになった村を後にする保安官よろしく、アメリカは兵力の撤退を開始する。

とはいっても、実際の戦闘は終わっていない。またアメリカも多国籍軍も、アルカイダという相手との戦いでは、決定的な勝利を収めたわけでもない。カブールが陥落した後にも、米軍はアフガン東部のトラボラ地区で大規模な軍事行動を行い、山岳部の地形を変えるような空爆を展開したが、元凶と目されたオサマ・ビンラディンを捕獲することはできなかった。翌年三月に展開されたアナコンダ作戦は、一連のアフガン作戦では最大規模にのぼり、山岳の稜線が目に見えて変わってしまったが、そこまでしてもビンラディンをとり逃している。戦争はまだ終わってはいない。

しかし、ここで重要なのは、トラボラでの軍事行動もアナコンダ作戦も、すべて「戦勝」というイメージを壊さない限度でしか報道されなかった、ということである。アフガニスタンの戦争は終わっていないが、アメリカ国民に映る戦争は、すでに終わってしまった。連日続けられた国際報道も影を潜め、テレビも新聞も身近な事件に焦点を移した。タリバン政権という「悪」を倒した米軍は兵力を削減し、それに代わってイギリス軍主体の紛争処理が現在では行われている。

終わっていない以上、これは「勝ち逃げ」でさえない。まだ勝っていない戦争が、「勝ったこと」にされてしまったのである。短期の戦争でアメリカが勝利を収めたというよりは、勝利というイメージに合うように情報がやりくりされ、戦争報道が次第に消えてゆく。

すでに報道の対象は次の敵、イラクへと向かい、アフガン情勢の報道はごく少なくなっている。テレビ報道に流される戦争も、観衆の希望に合わせて事実を削り、お化粧を施したフィクションだった。九月一一日事件以後の「戦争」は、徹底して「正しいアメリカ」の視点と、その理念と自己愛に即した物語として語られていた。

倫理と戦争

一九四五年、ドイツの降伏を国民に知らせる演説のなかで、トルーマン大統領は「世界の半分から邪悪を一掃した。残りの半分からも一掃しなければならない」と述べた。それから半世紀以上経った「対テロ戦争」でも、テロに対する戦争の正義をブッシュ大統領が繰り返し唱えている。

九月一一日以後の戦闘の過程で、日本とアメリカとの戦争観の違いをもっとも鮮明に示しているのが、この正義の戦争という観念だろう。戦争を正義と結びつける考え方は、日本ではごく珍しく、少なくとも第二次大戦後に限っていえば、戦争は「やむを得ない現実の一部」か、「立ち上がって克服すべき病理」のどちらかとして議論されることが多かったからだ。

第一次大戦以後のヨーロッパ諸国で、また第二次大戦以後の日本で広がった平和主義から見れば、違法であり悪なのは政府でなく、戦争だった。戦争が始まれば、どんな高邁な理念をも裏切るような破壊が生まれかねない。他方では、戦争を抗いがたい現実として受け入れる人たちも、戦争が正しいと主張するわけではない。せいぜい必要悪という評価が下されるぐらいだった。

だが、罪なき人々への加害を放置して良いのか、という疑問は残るだろう。政策の手段として戦争を行うことに反対する人々であっても、九月一一日事件のような大量殺人が起こったとき、どうすればよいのか、そんな暴力を放置して良いのか、と問いかける人もいるだろう。

二〇世紀に入って、政策の手段としての戦争が否定され、戦争の違法化が進んだとき、その戦争を起こす主体に対する戦争は正当なものと考える正戦観念が、戦争違法化の前提条件となっていた。違法行為に対する制裁は違法ではない。それが軍事力を伴う制裁であるとしても、違法どころか、その国家に対する法の執行になるからだ。国連の集団安全保障は、「正しい制裁」があってこそ意味を持つのである。

それでは、戦争が不正だとすれば、その不正を行った主体に対してなにをしてよいのだろうか。また、罪なき人々への加害を放置しないためにはどのような手段をとることができるのか。この戦争と正義の問題が、「対テロ戦争」のなかでグロテスクなほど率直に表現された。正義のための戦争が公言されたからだ。

戦争の正義を唱えたのは、ブッシュ大統領などの権力者だけではない。二〇〇二年二月、アメリカの代表的な知識人や学者たち六〇名がアフガン空爆を支持する声明を発表した（"What

We're Fighting For: A Letter from America")。署名者にはサミュエル・ハンティントンのような、どちらかといえば政治的に保守的な論客も含まれてはいるが、マイケル・ウォルツァーをはじめとして、アメリカ政治のなかでリベラルな立場に立つ人々の多くも名を連ねている。その声明のなかの、「正しい戦争」と題したところには、こんな一節がある。

戦争が、倫理的に許される場合もある。それどころか、暴力や憎悪、不正が広がろうとするとき、戦いが倫理的に必要とされることもある。いまはまさにそのときだ。(中略)戦争を前にして倫理を訴えないことは、それ自体がある倫理的な立場の表明になるだろう。その表明は理性の可能性を否定し、国際事象における規範の欠如を受け入れ、そしてシニカルな態度に与することになる。客観的で倫理的な考え方から戦争を捉えることは、市民社会をつくる可能性をまもり、正義に基づいた世界の共同体を擁護することになるのである。

いうまでもなく、ここでの戦争を前にした倫理とは、戦わない倫理でなく、理性を信用し、国際事象における規範を求めるために、戦争を戦う倫理を指している。

この過度な情熱をしばらく問わないとしても、この声明に表現された正戦論は、アウグスティヌスやトマス・アクィナスなど、キリスト教思想のなかで長らく議論されてきた古典的な正戦論と比べても、ずいぶんと独特なものだといえるだろう。ここでは戦うべき「悪」が国家に対する侵略には限定されていない。「悪」と戦う権利を持つものも、侵略を受けたものに限定していない。そして、「悪」と戦う手段や方法についても、ほとんど制限が加えられていない。

古典的な正戦論では、どのような状況において武力行使を認めてよいかという基本的な限定に加え、誰が戦争してよいのかという交戦主体の限定、さらにどのような手段が戦争において認められるのかという方法の限定が加えられてきた。主体でいえば、戦争は国家間の戦争を対象とし、専政に対する抵抗などは正戦問題と基本的に区別されている。本来の正戦論とは、戦争を正当化する議論ではなく、不正の戦争を排除する思想だからだ。

だが、学者たちの今回の声明では、戦争ではどんな手段をとってはならないのか、正戦論においてはもっとも根本的な制限であるはずの権力制限には、ほとんど触れられていない。それどころか、「非戦闘員に対して、意図に反して死傷を与える可能性も予見される軍事行動」も、「特定の状況のもとで、厳しい制約のうえでは」倫理的に正当化できる、とさえ述べられている。あっさりいえば、一般市民が戦争の巻き添えとなることもやむを得ないことになるだろう。

これはもう、およそ相互性の欠けた正義であるといわなければならない。罪なき人々を加害から守るために、なぜ他の罪なき人々が犠牲とならなければならないのか。戦争に訴えてでも守られる「罪なき人々」と、正当化される死傷者としての「罪なき人々」の間には、ほとんど無造作に、生死をわかつ線が引かれている。

正戦論の背景には、ホロコーストの記憶があった。ナチスドイツによるユダヤ人の大量虐殺は、第二次大戦が「戦争」として始まる前から行われた、罪なき人々に加えられた暴力だった。その悪に対して立ち上がろうとせず、参戦を避けたためにさらに多くの死者を生み出したことが、アメリカのリベラリズムに大きな傷を残すことになる。戦後日本の平和主義が戦争の正義を問い直したとすれば、ホロコーストの教訓は戦争に立ち上がらない不正を糾弾したのである。

ホロコーストの教訓は、九二年以後のユーゴ内戦などで蘇った。ボスニアのイスラム教徒に残虐な暴力を加えるユーゴスラビア政府を見過ごしてよいのか、コソボにおけるアルバニア系住民の迫害を許して良いのか、そのような議論が出るたびに、ホロコーストを繰り返してはいけないという過去の教訓が持ち出された。

絶対悪に対抗するときには、手段を選ぶ余地はない。そうしたホロコーストの教訓は、民族浄化などの行為を行う政府に対しては空爆さえも容認する世論をつくりだした。学者たちの声明に表現された正戦観は、アウグスティヌスやアクィナスの復活というよりは、ホロコーストをくぐり抜けた現代暴力の認識を反映したものとして考える方が適切だろう。
また、第二章でも議論した、冷戦終結後における国際政治の倫理化ともいうべき現象も、この正戦論の背景として挙げられるだろう。地域紛争に対する介入も米ソの力関係を反映せざるを得なかった時代と異なり、冷戦終結後は世界各地の紛争に大規模な介入を行うことが可能となった。これを背景として、冷戦期にはシニカルに見過ごされていた大量虐殺などの暴力についても、不正を正す介入が必要ではないかという議論が生まれる。東西冷戦が終わり、東欧から東南アジアまで民主化の広がる時代に入ると、国際政治では力関係が支配するのだという現実主義の名の下で、戦争や人権抑圧に我慢して耐える必要は、もはやなくなった。冷戦後に続けられた各地における「人道的介入」にも、違法な暴力に対する武力制裁を肯定する態度を認めることができる。

学者たちの声明を見ると、戦争と理想主義の関係が、冷戦期とは逆転したことがわかる。冷戦のころ、力の行使を主張するのは理想主義者よりもリアリストの側であった。ヨーロッパや日本とは異なり、アメリカではリベラリズムが必ずしも軍事力への抑制とは結びついてこなかった。だが、核抑止の下の権力行使をリベラルとされる人々が倫理的に肯定することも少なかったとはいえるだろう。軍事介入の拡大を正義として掲げるような「リベラル」は、アメリカにおいても、やはり数が限られていた。

冷戦終結とともに、この構図が逆転する。デモクラシーと正義のための武力行使に対して、ヨーロッパの社会民主主義勢力やアメリカのリベラルたちは従来になく積極的に認めるようになった。ユーゴ内戦では、アメリカと西ヨーロッパを横断して、リアリストに先立つかのように社会民主主義者やリベラルと呼ばれる人々がNATO軍による空爆への支持を表明した。アフガン空爆に関する評論を読むと、国際政治を専門とするスタンリー・ホフマン、ヘンリー・キッシンジャー、ジョセフ・ナイなどは軍事行動には慎重な判断を示し、マイケル・ウォルツァーなど政治思想を専攻とする人たちが戦争の正義に支持を与える、というパターンを見ることができる。冷戦期にはリアリストが戦争を論じたとすれば、冷戦後は理想主義者が正義の戦争を語りはじめた。

この「正義」は、国際政治をイデオロギー化することによって、政治宣伝をはるかに越える効果を生む可能性がある。利益よりも正義の実現を目的とする戦争は、「邪悪」な敵との妥協を排除し、宗教戦争のように苛酷で無慈悲な暴力を生み出しかねないからだ。

さらに、何が「正義」にあたるのかという定義も、また「正義」を実現する手段には何が許されるのかという判断も、ともに国際協議や国際機構の決定から外されてしまったことに注意しなければならない。「国際関係」という領域は、多元的な利益や理念の出会う空間ではなく、超大国の掲げる理念が世界のどこでも期待され、強制される、まさに帝国秩序へと変容することになった。

軍事優位の確保

これまで、九月一一日事件とその後の戦争を、倫理観とかイデオロギーを軸に据えて考えてきた。しかし、そんな理念とイデオロギーの高揚とはまた別の角度から、力関係に目を向けてこの事件の意味を考えることもできる。この事件によって、国際協調や多国間協調に代わり、単独行動と対外的優位の確保にアメリカ外交が大きく踏み切る結果が生まれたからだ。

指標だけをみれば、冷戦が終結した段階で、アメリカはすでに単独の軍事帝国としての要素を備えていた。軍事力において米軍に匹敵する兵力は存在せず、アメリカに対抗するような同盟も大国も存在しなかった。しかし、帝国が成立するためには、そのような客観的条件に加え、帝国として行動する政策、具体的には各国に対して優位を確保しようとする戦略と、世界各地に対して必要に応じて、単独であっても介入をする意思という二つの条件が必要になる。その

第二の条件をつくったのが二〇〇一年九月一一日の同時多発テロ事件だったとすれば、第一の条件、つまり対外的優位の確保は、もっと前から準備が進められていた。

冷戦が終わった後のアメリカでは、どのような対外政策をとるべきなのか、さまざまな立場が向かい合ってきた。一方には、冷戦が終わった以上、防衛負担を減らすべきだ、という主張があった。アメリカ人の目から見る限り、冷戦とは他国よりも多くの軍事的・財政的負担を強いられ、そのアメリカの負担の下に世界の安定を保つ秩序だったからだ。アメリカが軍事力の増強に集中していた時代に、他の諸国はその安定を利用して経済を発展させた。冷戦が終わったいま、アメリカが追求すべき目標とは軍事的優位よりも経済再建ではないか。一九九〇年代を通じて、この、軍事から経済に政策の重心を移すべきだという議論が、外交政策の基調を構成していたといえるだろう。

だが、軍事力の後退と国防費の削減には反撥もあった。アメリカ政治のなかでは、軍産複合体とも呼ばれるような企業・軍・政府を横断する集団が、従来から防衛予算の決定などに影響力を行使してきた。軍事から経済への政策転換は、彼らにとって廃業と失業の危機にほかならない。

問題は、どのような危機を想定し、どのような戦略を採用して、国防費の維持を正当化するか、であった。世界各国の大量破壊兵器を削減することと、大量破壊兵器を開発し保有するような「悪漢国家」への対抗を続けることには異論が少なかった。だが、かつてのソ連などとは異なって、アメリカと同等に争うことのできる「悪漢国家」などは存在せず、ことに技術集約的な兵器については、中国でさえもアメリカの敵ではない。大量破壊兵器と悪漢国家を相手にするだけでは、米ソ冷戦の下で肥大した国防費を支えることはできなかった。

この他にも、中国の脅威をやや過大に伝えるもの、旧ソ連解体に伴う混乱を憂慮するもの、国際危機の有無にかかわらず最低限度必要な武力の水準を明示しようとするもの、あるいはテロリズムに対する防衛を叫ぶものなど、実に多くの戦略構想が生まれては、消えていった。だがそのなかで、当時は注目されなかったものの、その後になって大きな意味を持つことになる戦略があった。それは、冷戦終結によって獲得した軍事的優位をアメリカが失ってはならない、という構想である。

冷戦終結によって、第二次世界大戦後からほぼ半世紀ぶりに、アメリカは軍事力において単独の優位に立つことになった。敵による報復を恐れず、また同盟国による財政的・軍事的協力に頼ることもなく、アメリカが戦いを希望する地域に対し、希望する時を選んで戦争を行うことができるような、極限的な状況が発生した。この、いわば瞬間風速が最大となったような短期的な優位を長期にわたって保つべきだ、という政策がここに生まれる。

この政策の中心となったのが、当時の国防長官を務めていたディック・チェイニーだった。ニコラス・レーマンによれば、ブッシュ(父)政権の下で、冷戦後のアメリカ戦略に関する作業部会が、チェイニーの他にウォルフォヴィッツ国防次官(当時)などをメンバーとして発足した。作業部会は迅速に報告をとりまとめ、ワシントンで米ソが戦略兵器削減条約(START)に合意する直前の九〇年五月二一日に、ブッシュ大統領にブリーフィングを行った。

その内容は、ごく簡単にいえば、アメリカに対抗できるような大国や同盟が生まれない努力を国防政策の基本方針に据えるというものである。冷戦終結後の対外的な優位を保持するためには、優位を脅かされる前に、対抗的な大国や対抗的な同盟の芽を摘み取っておかなければならない。また、これまでのアメリカの対外政策は、同盟国の協力によって左右され、単独で軍事行動をとることが難しかったが、ここでアメリカが単独で行動できる力を持てば、同盟国はアメリカに従うほかの選択を失うことになる。また、同盟国が従わなかったところで、アメリカの政策が左右されることもないだろう。同盟への依存をなくせば、同盟諸国が地域独自の防衛構想などをつくり、アメリカ離れを起こすのではないか、という憂慮も必要がない。

一九九〇年は、冷戦終結後のNATOの役割が真剣に議論された時期にあたっている。冷戦期にできた同盟は今後は何の役に立つのか。NATO諸国のなかでは、アメリカの同盟離れを恐れる声があがる一方、全欧安全保障会議(OSCE)を軸として、地域独自の防衛構想も議論されていた。この状況を前にして、チェイニーたちは、そもそも同盟などに頼る必要はない、重要なのは協力ではなく優位の確保だと主張したのである。国際協調を明確に排除した、単独行動主義、あるいは帝国としての政策を求める提言だった。

チェイニーたちの優位の追求は、このときは挫折に終わる。かれらのブリーフィングをもとにしてブッシュ大統領は九〇年八月二日、まさにイラクがクウェートを侵略した日に演説を行ったが、湾岸危機が勃発したためもあり、注目は集めなかった。

湾岸戦争を支度する過程では、ブッシュ政権は、単独の優位を追求するどころか、大規模な作戦遂行を支えるための同盟強化と国際協力を優先しなければならなかった。イラクへの攻撃にあたっても、イギリスはもちろん、西ドイツやフランス、さらにソ連との協力や協議は保たなければならなかった。アメリカのイニシアティヴによって組織されたとはいえ、イギリスやクウェートも多国籍軍の作戦策定に参加している。米軍単独によるイラク介入が真剣な検討を受けた跡はない。

湾岸戦争が終わった後も、戦勝の栄光に浸ることより、そのころ加速していた景気後退を食い止めることの方が、はるかに重要な政策課題だった。チェイニーたちの唱える単独優位の追求は、軍事領域に大幅な予算を割り当てなければ実現できない以上、こうした状況のなかでは建設的な提案とは見なされなかった。「ばかだな、経済に決まってるじゃないか」というスローガンを掲げて、民主党のクリントン候補が九二年の大統領選挙に勝利を収めたことは、軍事から経済へという時代の転換を示していたといえるだろう。

しかし、長期的に見れば、アメリカが各国に対してもっとも優位に立つのは、やはり経済以上に軍事の領域だった。貿易や通貨などの領域では、各国の承認をとりつけなければ対外経済政策にも効果は期待できず、また多国間協力を達成することなしには国際経済に関わる制度の構築もあり得ない。だが、軍事紛争、つまり脅しと破壊にかけては、多国籍の兵力を編成しなくても米軍だけで事足りるのである。

それどころか、イギリス軍を除けば、アメリカ以外の兵隊は、実戦では、たいして役には立たない。そんな即物的な現実が、冷戦終結から一〇年の間に、だんだんはっきりしていった。ユーゴ紛争は米軍なしに打開できなかった。一九九六年の台湾海峡危機に見られるように、核保有国の中国でも、アメリカの前には退却した。そしてなによりも、米軍の行動を事前に抑止できるパワーは存在しない。この、軍事力の圧倒的な優位という現実のために、経済再建が達成された後のアメリカが、その軍事的優位を利用する政策に向かう条件は整っていった。

ミサイル防衛の変化

アメリカの単独行動を保障する軍事戦略への転換を示す良い例が、ミサイル防衛計画の採用である。クリントン政権からブッシュ政権に至るミサイル防衛計画の展開は、アメリカが相互抑止から一方的抑止に軍事戦略を転換し、どの国もアメリカを抑止はできないが、アメリカだけは他の国の軍事行動を抑止できるという戦略体制の構築を示す事件だったからだ。

核抑止は、核攻撃に対する防衛がないことによって、初めて成立する。攻撃から守る方法がないからこそ、反撃が予期される状況では先制攻撃を思いとどまるわけだ。核保有国双方がこの状況に置かれたとき、相互抑止が成立する。もし相手の攻撃を防ぐことができれば、相互抑止は一方的抑止に転換し、戦略の幅は広がるだろう。

ミサイル防衛は、相手の攻撃から身を守ることで、相互抑止から一方的抑止への転換を促す効果をもたらすものである。ミサイル防衛という発想は、新しいものではない。六〇年代のジョンソン政権は、ソ連に対して弾道弾迎撃ミサイル(ABM)を開発し、配備に踏み切った。レーガン政権の下で進められた戦略防衛構想(SDI)も、基本的にはABMの延長上にある。クリントン政権において開発が進められ、ブッシュ政権になって加速されたミサイル防衛(国家防衛―NMD―と戦域防衛―TMD―の総称)は、直接にはSDI計画の再編成であるといってよい。

ミサイル防衛には、しかし、三つの問題があった。第一に、攻撃ミサイルに比べて、開発と配備には膨大な資金が必要になる。攻撃拠点は少なくてもよいが、守る対象は数が多いからだ。第二に、技術的にはまだ未知の部分が多いため、兵器の性能は不安定で、信頼性が乏しく、またそのいくつかは兵器として実現することも難しいと考えられていた。攻撃ミサイルと異なり、迎撃ミサイルは相手の弾頭を壊さなければならず、要求される技術水準がはるかに高いのである。そして第三に、まさにミサイル防衛がそれまでの核抑止を変えてしまうために、相手はミサイル防衛計画に反撥し、その結果として国際関係が不安定に陥る可能性もある。

このように、戦略上は一方的抑止への移行を可能とするミサイル防衛には基本的な欠陥があり、それまでも挫折を招いてきた。ジョンソン政権によるABMの配備は米ソ関係を極度に悪化させる一方で、兵器としては有効な防衛手段とはならなかった。レーガン政権のSDIはゴルバチョフ政権の強い反撥を呼んだものの、技術的制約のために具体化することはなかった。

今回のＴＭＤ・ＮＭＤ計画にしても、すでにクリントン政権の下で米中関係と米ロ関係の緊張を招き、核不拡散体制のなかでアメリカを孤立化させ、そのくせ兵器を実験した結果は不安定なままだった。クリントン政権によるミサイル防衛の位置づけは、政権のごく末期になるまで二転三転を繰り返すことになった。

ミサイル防衛を戦略の中心に引き戻したのがブッシュ政権である。父親の政権からチェイニーやウォルフォヴィッツなどの軍事優位派を引き継いだ新ブッシュ政権は、クリントン政権とは異なって、安全保障における国際協力や同盟国との協調の必要性をほとんど考えていない。

就任直後から、ブッシュ大統領はミサイル防衛を進めてゆく。実験回数を大幅に増やし、同盟国に対してはミサイル防衛の協議ではなく一方的に通告を行い、中国やロシアに対してはＡＢＭ制限条約を撤廃する意思を示しつつ、中ロの判断に関わりなくミサイル防衛を遂行することを宣言したのである。

同盟国や仮想敵国の反応に関わりなく、単独行動で先手をとるのがブッシュの手法だった。さらにラムズフェルド国防長官は、迎撃ミサイルの弾頭に核弾頭をつけることさえ提言している。二〇〇二年六月一三日、アメリカはＡＢＭ条約から正式に脱退し、この条約は消滅した。

ミサイル防衛計画をめぐるクリントン政権からブッシュ政権への展開が示しているのは、迎撃ミサイルの開発という事件だけではない。そこに見られるのは、冷戦後のアメリカが軍事優位を模索する方針に転じる過程である。アメリカの核使用を抑止できる核大国がなければ、核兵器は戦争を抑止する手段から、実戦で用いることのできる手段に変わってしまう。核兵器もまた、アメリカが対外的な優位を確保する手段に変わったのである。

もっとも、ブッシュ政権は、本国から離れた紛争への関与には消極的だった。アメリカの国防のために、世界各地の状況に関わる必要があるわけではない、そんなことをしても財政負担を背負うだけではないか。こんな判断が多数を占めたために、国外における兵力の展開には、ブッシュ大統領は慎重だった。単独行動によって軍事的優位は保ちつつ、継続的な対外関与から手を引いてしまうのである。単独行動と優位の確保と孤立主義を組み合わせた、新たな政策のパッケージがブッシュ政権の下で追求されていた。

後に安全保障担当補佐官となるライスは、就任前にフォーリン・アフェアーズ誌に寄稿した論文において、クリントン政権がいかに現実主義的な国益擁護から離れた戦略を展開してきたか、厳しく論駁を加えていた。ライスによれば、ソ連崩壊後、国益の定義が難しくなった状況において、クリントンは権力政治や力の均衡という概念から離れた空疎な観念をもてあそび、成果の乏しい地域関与を続けてしまった。アメリカの死活的利益に関わらない地域においては、むしろ撤退を進めるべきだ、という議論である。

政権発足後のブッシュ政権は、ライスの路線に沿った国益の再定義に向かっていった。包括的核実験禁止条約（ＣＴＢＴ）やＡＢＭ条約に対する明確な離脱姿勢、あるいは環境規制に関する京都議定書の拒否は、中東和平など地域紛争解決への消極姿勢と併せて、多角的な国際協調の模索から孤立を辞さない単独行動主義への外交政策の転換を示していた。

クリントン政権における国際協調は、アメリカ国内の世論や業界利益の犠牲になることもあっただけに、ブッシュ政権の下で新たな国際協調が実現するのではないかという期待が、欧州諸国や日本では少なくなかった。そのような希望的観測は、ブッシュが大統領に就任した後の半年で、見事に裏切られることになる。京都議定書の拒否やＡＢＭ条約の拒否に加え、中東や朝鮮半島における紛争と緊張の打開にもほとんど関与しようとしなかったからだ。九月一一日を迎えるまで、ブッシュ政権における対外的優位の確保は、国際協調や国際主義と切り離されていた。

九月一一日の意味

客観指標だけでなく政策でもアメリカが帝国に転じるきっかけを与えたのが、二〇〇一年九月一一日の同時多発テロ事件だった。軍事優位を確保する政策に加えて、世界各地に介入を行うという介入主義と、普遍的理念による対外行動の正当化という条件が加わったからである。クリントン政権には第三の要素はあったが、第一と第二は不明確だった。ブッシュ政権は第一を明確にしたが、当初は第二と第三の条件にはむしろ批判的だった。テロ事件がその構図を塗り替えてしまった。

テロ事件が政治的にもたらしたものを、いまいちど、次の三点にまとめておこう。

第一が、本土防衛と地域介入の結合である。

ブッシュ政権における国益とは、何よりも本土の防衛であり、本土から離れた地域への介入には消極的な姿勢がとられていた。だが、海外の紛争地域からアメリカ本土への脅威が作り出されると、遠く離れた地域紛争の動向も本国の安全保障の課題となり、狭義の国益に照らしても地域介入が合理的となる。アフガニスタンはもとよりフィリピンやソマリアを含め、テロ事件以後のブッシュ政権は、それまでになく大規模な地域介入を進めていった。

第二に、アメリカ世論の結集と団結を挙げるべきだろう。

軍事的にはライバルがなくなり、同盟国の支援に頼る必要も減ったアメリカにとって、世界各国の「世論」はさほど懸念ではなくなっていた。だが、アメリカ国内の世論は、そうではない。財政的にも、また人命のうえでも、高価な代償を伴うことの多い国外への軍事干渉については、国内世論はほぼ一貫して消極的であり、それが地域介入を抑制する大きな要因ともなっていた。冷戦後の時代には軍事介入の必要性も感じられなくなったことから、ブッシュ政権からクリントン政権にかけての一二年間は、軍事介入はもちろん、国際協力や地域紛争の調停も含めて、国際的な関与は世論には人気がなかった。

ところが、九月一一日事件がアメリカ人の生命と地域紛争を結びつけてしまったために、今度は国際的関与への、ほとんど無条件の支持が生まれる。具体的には、議会が党派を超えて政府の対外政策に一致した支持を与えるという超党派外交が復活し、軍事予算についても議会による規制を懸念する必要は大幅に減った。アメリカの大統領にとって対外政策の足かせが、議会による予算の査定と消極的な世論であったとすれば、世界貿易センターを襲ったテロリストによって、その足かせが取り払われたといえるだろう。

第三の要素が、戦争と正義の結合である。「仲間をやられた」経験と、「アメリカという理念に対して正面から挑まれた」という認識が、状況把握の倫理性とイデオロギー性を異様なまでに高めてしまった。そこでは善悪の判断によって世界が二分され、ブッシュ大統領が「われわれの味方か敵か、どちらかだ」と言い放ったように、敵と味方を峻別する険しい二分法が適用されることになった。そして、圧倒的な軍事優位を背景としたアメリカにどちらだと迫られるとき、世界の多くの国には選択肢が残されていなかったのである。

九月一一日の意義は、冷戦の開始における朝鮮戦争の役割と比べてみればわかりやすいかも知れない。米ソ対立そのものは、一九五〇年よりもかなり前から始まっていた。トルーマン政権になってから米ソ両国の間の政策の違いは明確となり、ジョージ・ケナンなどを皮切りとして対ソ政策の転換が模索されていた。

だが、戦場からようやく兵士が帰還してきたアメリカ社会が、平時における臨戦態勢のような犠牲を受け入れる保証はない。世界大に封じ込め戦略を展開することを求めた戦略計画である国家安全保障会議文書六八号(NSC68)がつくられたとき、それが議会に認められると考える人は少なかった。

朝鮮戦争によってこの状況は一変する。ＮＳＣ68は全面的に採用され、それを世界各地に適用する戦略文書が矢継ぎ早に起草されていった。封じ込め戦略という概念が机上にあったとはいえ、それが現実の戦略体制を形成するためには、朝鮮戦争という事件が必要だったのである。

もし朝鮮戦争が封じ込め体制の完成を生み出したとすれば、九月一一日事件は、アメリカが名実ともに帝国へと転換するきっかけとなった。冷戦終結とともに唯一の超大国という立場におかれたアメリカでも、軍事的優位に頼り、単独行動に頼るような方向は、十年の間、なんとか避けられてきた。その抑制が失われたのである。

第五章　帝国と地域の間

世界政府としてのアメリカ

帝国となったアメリカは、アメリカの外の地域から見ると、どのように映るだろうか。アメリカによって世界各地の平和と民主主義が保たれているというお化粧だらけのイメージも、資源や市場を確保するために軍事介入を企むアメリカという「悪の帝国」のようなイメージも、すでにおなじみのものだろう。両極にぶれやすいアメリカと地域の関わりを見定めるために、いま一度、国際政治の仕組みの変化と、その中のアメリカの位置を定めることから検討してみたい。

世界政府は現代世界には存在しない。より正確にいえば、権威・権力の両面で各国政府よりも上位に立ち、各国政府にその決定を強制できるような機構は、いまの世界にはない。この無政府状態としての国際関係という把握は、リアリズムとよばれる考え方の中核となってきた。信頼できる世界政府などがない以上、どの国家もその存続のためには権力闘争に従事するほかはない、それが国際政治の現実だ、という議論である。

リアリズムへの反論もおなじみのものだろう。市場の統合にともなって、国際関係の相互依存が進み、軍事力の意義も相対化されたのではないか。各国共同の利益や共有する価値に基づいた国際組織の設立と国際関係の制度化が進んできたのではないか。リベラリズムと総称される考え方に従えば、リアリストが指摘するところの無政府状態は、緩やかとはいえ克服されつつあることになる。かれらは、国際関係においても公的な規範と制度の形成が進んできたのだ、と主張してきた。

この二つの議論の間に、世界政府のない世界において、大国が世界政府の役割を代行してきた、という微妙な現実が隠されている。世界戦争のような戦乱は起こらないこと、あるいは貿易決済に使うことのできる通貨が十分に供給されていることなど、国際関係が「安定」するために必要となり、しかも個別の国家だけでは達成の難しいいくつかの条件が存在する。誰にとっての安定か、という問題がつきまとうとしても、それらの「公共財」は、アメリカ政府によって供給されてきたことは事実だろう。

アメリカが世界政府ではなく一つの主権国家である限り、アメリカによってつくりだされた「安定」も、公共的な規範や制度ではなく、その国家としての利益から実現されたものに過ぎない。だが、アメリカ政府の行動に依存し、その受益者となる諸国が存在したことも否定できない。それがたとえ恫喝による平和に過ぎないとしても、米軍が治安維持に従事することは、決してアメリカ政府だけの利益に応えるものではなかった。

また、アメリカのイニシアティヴによってつくられた国際経済体制の運用がアメリカ企業に有利に働くことが多かったとしても、だからといって自由貿易の制度化や国際通貨体制の構築はほかの国をいつも犠牲にしてきたとはいえないだろう。アメリカ国内では、アメリカ人の生命と財産を犠牲にすることで世界が守られてきた、そう信じる人々が少なくない。

強力な軍隊と、その軍隊ほどではなくても強力な通貨を持つ以上、アメリカでなければとることのできない政策領域が存在することはおそらく事実である。意図しようとしまいと、アメリカ政府の決定にはアメリカ国内への影響にとどまらない「公共的」な効果が生まれることは避けられないのである。

問題は、世界政府を代行するアメリカが、同時に一個の国家でもある、という点にある。この場合、アメリカ政府のとる行動が、狭い意味におけるアメリカの「国益」、そしてそれよりも狭い、特定の業界や企業の利益に応えるものであったとしても、何の不思議もない。アメリカ政府は、世界に対してではなく、アメリカ社会に対して責任を負っているからだ。

アメリカの外に住む人々は、別にアメリカの大統領を選んだわけではない。世界政府としての正統性をワシントンに認めたわけでもない。自分たちの利益のためにアメリカが犠牲になってくれると期待できる理由もなかった。だが、圧倒的なパワーを持つ大国を敵に回すリスクも大きい。そして冷戦が終わり、アメリカに正面から立ち向かう大国もなくなったために、アメリカと対抗する同盟を組むことも難しくなった。アメリカの力が大きいために、対米関係から離脱したり、抵抗を試みたりするような選択が封じられてしまうのである。

アメリカは各国との協力を続けることも止めることもできるが、アメリカ以外の国には、対米協力から離脱する余地が乏しい。この構図を見ても、アメリカが帝国としての役割を果たしていることを確認できる。主権国家として権力を行使するばかりでなく、国際関係の仕組みを設計することもできる立場にアメリカが置かれているからだ。

それでは、アメリカという帝国を前にして、各国政府にはどのような選択があるのか。ここでは典型として、西欧諸国、日本を含む東アジア・東南アジア諸国、そして「第三世界」という三つの地点をとりあげてみたい。

招かれた帝国——ヨーロッパ

西欧諸国の期待した第二次大戦後の世界像と、アメリカの描く戦後構想との間には、落差が開いていた。大陸部のヨーロッパでは、戦後構想の一角に左翼陣営があった。この地域では、ナチに対抗するために社会民主主義者と共産主義者が手を組むべきだった、つまり人民戦線が失敗したためにナチが出てきたのだ、という解釈があった。左翼が団結すればナチを阻止できたという考えだ。また、大戦中から戦争直後にかけて、社会民主主義政党が国内政治における影響力を高めていた。これらの理由により、西欧諸国の戦後構想には、福祉の拡充や基幹産業の国有化など、「左寄り」の課題が数多く含まれていた。欧州統合の構想を見ても、戦後初期のものに関する限り、第一次大戦後には挫折に終わった不戦共同体の復活という、社民の描いたヨーロッパの実現としての側面を見ることができた。

左翼の主導する西欧というこの未来像は、冷戦によって奪われることになる。米軍なしにナチを追放できなかった西ヨーロッパは、ソ連を抑えるためにも米軍に依存するほかはなかった。北大西洋同盟の継続を積極的に受け入れたイギリスはもちろん、イタリアやフランスでもレジスタンスを主導した共産勢力は政権構想から追われてゆく。左派勢力の連合による政権構築という図式は、どこでも成り立たなくなっていった。

その対米依存がもっとも明確となったのが軍事領域である。西側諸国の同盟は、第二次大戦以前の国際関係における伝統的な軍事同盟とはまるで比較にならないほど、各国国軍の組織も装備も統合されていた。それぞれの国軍が独自に装備し、独自に戦略を決める余地は、この同盟に参加した諸国にはほとんど残されていない。各国が独自の外交を展開した「ヨーロッパ」が終わり、北大西洋同盟の枠のなかでしか外交と戦略が展開できないという、戦後ヨーロッパの基本的構図がここに生まれた。

対米依存を強めた場合、冷戦の前哨として緊張が高まり、戦場となる危険さえ生まれただろう。だが、この同盟が組まれた四〇年代末から五〇年代の初めをとれば、対ソ防衛という戦略的必要から生まれたこの同盟が、その後、四〇年もの間にわたって続くものとは考えられていなかった。兵力をアメリカに頼るだけに、防衛の経済的負担が広がることもなかった。冷戦によって国内の政党政治が大きく影響を受けたとはいえ、対米関係のために西欧諸国が犠牲となったとはいえない。ヨーロッパにおける冷戦の悲劇とは東西の分断であり、その主要な責任は東側にあるものと考えられていた。

大西洋を横断する軍事同盟という枠組を受け入れる限りでは、ヨーロッパの地域統合を進めることもできた。地域機構の形成は、普通なら大国の影響力と競合する変化になるだろう。だが、ノルウェーの政治学者ゲイル・ルンデスタッドは、少なくとも一九六〇年代中頃まで、アメリカはヨーロッパの地域統合を促進する役割を果たしたと指摘している。

ソ連を封じ込める一方で、西ドイツもヨーロッパにつなぎ止めておくことを目標としたアメリカにとって、ヨーロッパ統合は有効な手段となった。何よりも、西ドイツと他の西欧諸国の友好を保ち、西側同盟の団結を維持しなければならなかったからである。アチソン国務長官が石炭・鉄鋼の共同管理を提言したシューマン・プランを独仏協調を招くものとして歓迎したように、ヨーロッパにおいて地域機構が形成されることも、アメリカが主導権を握る大西洋秩序の一環である限りではアメリカに不利益なものとは考えられなかった。

ヨーロッパ諸国から見れば、アメリカの関与によってドイツとソ連という二重の脅威を封じ込めることが可能になる。ヨーロッパ諸国がアメリカを利用して地域外の脅威を牽制し、アメリカは地域統合によって同盟国の間の関係の安定を手にすることができる。ルンデスタッドは、この状況を、「招かれた「帝国」」、または「統合による「帝国」」と呼んでいる。

とはいえ、冷戦が長期化するとともに、西欧諸国による独自なイニシアティヴも生まれ、それによって北大西洋同盟の役割も相対化されることはあった。六〇年代中期には、ドゴール大統領のもとで、フランスはヨーロッパの経済統合とＮＡＴＯの防衛協力の両方に強力な挑戦を行った。七〇年代には、当時デタントを進めていたキッシンジャー国務長官とは異なる独自なイニシアティヴによって、西独のブラント首相が東方外交を展開し、ヨーロッパの主導する東西の緊張緩和を模索した。ワシントンとは異なる地域構想を発信できるほど、西欧諸国の政策決定は冷戦の最盛期には考えられない自由度を獲得していたのである。東西冷戦が終わるはるか前に、国内政治を拘束する要因としての「アメリカ」は退いていた。

冷戦終結は、アメリカへの軍事的依存を減らし、欧州統合を経済から政治へと拡大する機会となるはずであった。もともと東西対立の認識について、大陸部のヨーロッパとアメリカとの間には落差があった。直接の戦場となる危険があるだけに、緊張緩和の機会があると、欧州諸国はアメリカよりも積極的な反応を示してきたからである。ゴルバチョフの新思考外交を早くから歓迎したのは、西ドイツとフランスだった。冷戦が終わることで、ソ連とアメリカという外部勢力に主導権を奪われたヨーロッパを取り戻すことができるはずだった。

もっとも、欧州地域の外において米軍がとる行動について、欧州諸国が不満を示したとはいえない。冷戦が終わっても、地域外部の脅威については米軍に頼るという構図が変わったわけではないからだ。冷戦終結期の秩序構想とは、なによりもヨーロッパ地域のなかの制度構築の問題とされ、アフリカや中東において米軍が作戦行動をとることは問題とされてはいなかった。地域のイニシアティヴさえ活かされるのなら、その地域の外に対するアメリカの影響力に特に異を唱える理由はなかった。

それでも、ヨーロッパのなかに関しては、冷戦期の同盟に頼らなくても良いのではないか、という議論があった。ＥＵにおける外交協力や全欧安全保障構想などに、欧州独自のデザインを見ることもできる。だが、ユーゴ分裂と内戦に対処する過程で、全欧安全保障会議のような構想ではなくＮＡＴＯのような現実の安全保障機構が必要であり、そのＮＡＴＯも米軍が動かなければ意味をなさないことが明瞭となっていった。

こうして、ヨーロッパにおける協調的安全保障は、戦争をしそうもない国の間で平和秩序を構築するものにとどまった。軍事的緊張の高い場面では、米軍の投入に頼るという方向は変わらなかったのである。アメリカが主導する世界から欧州諸国が離脱する試みは、軍事面では実現を見なかったといわなければならない。

しかし、そのような帰結も、欧州諸国にとって決して不利とはいえなかった。自前の地域機構を持ち、自分たちの声をあげることはできるからだ。地域内の秩序形成でいえば、共通通貨の導入も、また新規加盟にあたっての独自のコンディショナリティーの要請も、ワシントンとは独自に執り行う力をＥＵは保持している。地域のなかの政策決定でいえば、すでにワシントンから相対的に自立した秩序を欧州は形成しているのである。

さらにいえば、ヨーロッパ外の地域における軍事的脅威を米軍が取り除いてくれるという仕組みは、西欧諸国の安全にとっても有利だったといえるだろう。ヨーロッパにおける協調的安全保障を協議していたさなかにイラクがクウェートを侵略したとき、イギリスはもちろん西ドイツも軍事制裁に賛成し、協力した。ユーゴ紛争において欧州諸国がアメリカに求めたのは不介入ではなく、地上軍の投入だった。

九月一一日事件に対して欧州諸国が対米支持で一致した理由は、もちろんテロ攻撃に対する非難と犠牲者への同情だろう。だがその背後には、地域機構を確保しながら地域外の平和についてはアメリカの影響力に依存するという、「アメリカの平和」の受益者としての西欧諸国の立場がある。そこから見たアメリカは、ヨーロッパの外の、たとえばインドやヨルダンにとってのアメリカとは、まるで違うものだった。

ビンのふた――東アジアと東南アジア

欧州各国がどこまでアメリカを「招いた」といえるのか、各国によって異なるだろう。だが、アジアの場合は招待するまえに、招かれざる進駐の方が先に立った。アメリカを解放者として捉えるアジアの民衆は、米軍によって日本軍が駆逐されたフィリピンでさえ限られていた。中国戦線はもちろん、インドネシアやベトナムでも、アメリカを歓迎するよりは、強大な兵力への警戒の方が上回っていた。欧州諸国にとってアメリカが同盟国であるとすれば、アジアにおけるアメリカとは何よりも軍事大国であり、経済大国だった。

そして中国革命がアジア各地へと波及し、それに対抗して朝鮮戦争以後のアメリカが封じ込め政策を採用したため、アメリカの権力はヨーロッパの場合よりも直接的な軍事介入というかたちをとってアジアでは現れることになった。アジアにおける西側とは、政治的自由とか資本主義経済とかいう以前に、「アメリカ側」の陣営に与することを指していた。アジア各国とアメリカとの力の差が欧米間の落差以上に開いていただけに、陣営とか同盟とは、国家間の協力というよりは、どちらの大国に服従するかという選択になった。もし東側を選択すれば、米軍による介入さえ覚悟しなければならなかった。

アメリカの進出が地域機構の形成を伴ったヨーロッパとは異なり、アジアにおける冷戦は地域の統合とは無縁だった。東南アジアにおけるＡＳＥＡＮ(東南アジア諸国連合)の発展も、アメリカの関与が次第に弱まっていった七〇年代に進んだものである。

西側陣営に属する東・東南アジア各国にとっての国際関係とは、何よりも大国との二国間の関係だった。これは冷戦期に限ったできごとではない。まず植民地統治の時代を通じて、各国の国際関係とは宗主国との二国間関係に限られていた。植民地化される前には存在した、地域を横断する往来や通商も、植民地統治の下では長く阻まれてきた。地域を横断する「国際関係」とは、ここでは新しい観念に過ぎなかった。

アジア各国の関心は、逆らうことのできないアメリカという存在を、どのようにすれば自国に有利となるように利用できるか、という点に集中した。またアメリカの政策目的も、アメリカの求める戦略を忠実に実行できる政府を各地に設営することにおかれた。

植民地から独立を達成する過程にあったため、各国の統治は不安定を免れなかった。そこではフィリピンとベトナムにおけるランズデールのように、アメリカが国家形成を肩代わりすることもあった。

このように見れば、東・東南アジアにおけるアメリカは、思いきってコロニアルな役割を担っていたことがわかるだろう。アメリカは、招かれざる帝国だったのである。

日米関係も、冷戦下のコロニアリズムというべきこの特徴を免れてはいなかった。戦後日米同盟の不幸は、民主主義などの政治理念の共有に基づくことのない、反共と防衛のための同盟としてはじまった点にある。戦いの相手であったはずのアメリカが、戦後の保守勢力にとって新しい同盟の相手となった。

まず軍事的には、軍国主義者たちの恐れたソ連の膨張を防ぎ止める勢力は、アメリカの軍事力をおいてほかになかった。アメリカの影響力にすがらなければ反共主義を貫くこともできない。鬼畜米英としてアメリカを忌み嫌った右翼が、むしろ日米関係を柱とする戦略を主張し、親米右翼へと転換することになる。

経済的にも、アメリカの経済力と結びつくことなしには日本の経済復興は不可能だった。まず、戦後復興の資金がアメリカなしにあり得ない、という事情があった。中国、東南アジアという海外市場を失ったうえに、それらの諸国から侵略者としての不信と反撥を浴びる立場に置かれた日本にとって、日米協調なしには新たな市場も経済成長を見込むことはできなかった。

民主主義や人権を西欧の観念として忌避する右翼勢力から見ても、アメリカが天皇の在位を認め、分割占領しなかったために、日本の統一を認める国家としてアメリカを意味づけたり、こじつけたりすることができた。ソ連の軍事力と共産主義から日本を守り、日本の経済復興を支え、さらに日本の国土の統一も擁護する。この三つの面において、アメリカが戦後の日本にとって欠かせない存在として受け入れられたのである。

この三点は、日本をアメリカに売り込むためのポイントにもなった。まず、共産主義に対する防波堤として日本に期待された役割がある。終戦当時は内乱が続いていた中国、また内乱に至らないまでも混乱の続いていた朝鮮半島と異なって、日本は政治的に安定したパワーであった。もしソ連を中心とした共産主義勢力に対抗できる国家がアジアにあるとすれば、日本をおいてほかはない。工業生産をとっても、日本経済はアジアでは突出した存在だった。冷戦下の地政学的位置が、アメリカに日本を重視させるためのセールスポイントになった。

こうして、鬼畜米英を唱えた軍国主義者たちは戦争責任を棚上げにされ、親米右翼に衣替えをとげた。占領期において日本の民主化のために膨大な資源と労力を割いたにもかかわらず、保守政治家は自由や人権などの概念には関心が薄かった。彼らにとっての第二次大戦とは不正の戦争ではなく負けた戦争であり、勝ったアメリカも、正しい国というよりは強い国だった。日米戦争が海外市場と資源の争奪に過ぎないと解釈される限り、その戦争の解釈に正義も責任も生まれるはずはない。われわれは負けただけだ、相手が正しいわけではない。そんな判断が戦後も引き継がれていく。

もちろん、そのような保守主義とは対極に立つような、政治的自由主義の流れも日本の政治のなかには存在した。だが、そのような、本来であればアメリカのデモクラシーに共鳴するはずの人々は、むしろアメリカの強権に反撥することが多かった。民主主義の理念に共鳴する政治勢力は、アメリカと協力するどころかその反共政策に反撥し、むしろ社会主義陣営の方に希望を求めていった。占領下でつくられた憲法をアメリカの手から守るという護憲主義に見られるように、人権も民主主義も、アメリカの理念というよりはアメリカから守るべき理念となった。西欧諸国と比較すると、日本では親米が保守に片寄り、リベラルな立場は反米に片寄ってしまう。「親米リベラル」とも形容すべき勢力は、冷戦期の日本においては少数派に過ぎなかったし、今でも決して多いとはいえない。

冷戦下の地政学と実利によって支配されたアジアの構図は、七一年の米中接近によって、大きく揺るがされる。アジア冷戦の重心は米中関係にあっただけに、キッシンジャー訪中と米中関係の転換は東・東南アジアの戦略的地位を大きく変えてしまったからである。共産主義への対抗のために動員されてきた韓国、台湾、日本、そしてタイなどの諸国から見れば、「頭越し」の米中接近とはアメリカがこの地域から撤退し始めることを意味しており、厳しくいえば裏切りに他ならなかった。それはまた、対米依存を続けたところで政権の存続が保障できなくなった時代の始まりをも示していた。

戦略環境の変化は、東アジアと東南アジアに対して、異なる効果を及ぼした。東アジアでは、古典的な力の均衡ができあがる。中国・ソ連・アメリカという三国のつくる三角形を見れば、中ソ関係の緊張がもっとも高く、中国・日本・アメリカという三角形をとれば、日中関係の緊張が高い。このような相互不信の構図が支えられる限り、アメリカは大規模な介入に訴えることなしに、外交で先手を握ることができた。朝鮮半島における南北分断を最大の犠牲としつつ、アメリカを扇のかなめにおいた力の均衡がこうしてできあがる。

このアジア政治の構図では、アメリカは帝国としての権力行使を恐れられる存在ではなく、地域の均衡を支える基礎、つまり一九世紀のヨーロッパにおけるイギリスのような、バランサーとしての役割を期待されている。その構図は、次のように要約できるだろう。

まず日本は、中国が冒険主義に走るのを防ぐためにはアメリカのプレゼンスが必要だという判断から、米軍がアジアから撤退しないように努力する。中国は、日本が独自に冒険主義に走らないよう、日本軍国主義の復活を封印する役割を、日米安保に求める。そして韓国は、日本、中国、さらに北朝鮮が信用のおけない政府である限り、米軍のプレゼンスによる安定を支持する、という構図である。

そのまま放っておけば紛争をはじめかねない各国が向かい合うなか、地域の安定を支えるには米軍が必要だ、日本と直接に向き合うよりは日米安保という枠によって日本に足かせをはめた方がよい。「ビンのふた」という形容で知られるこの議論が、米中接近以後の米軍の役割を定義することになった。

他方、東南アジアでは、米中接近と米軍撤退の拡大のために、いわば強いられた自立が生まれることになった。ＡＳＥＡＮを基礎とした地域協力もすすみ、ベトナム戦争終結後に、そのベトナムとの国交樹立なども行われている。七〇年代の末期からはベトナムのカンボジア侵略、中越紛争、さらにカンボジアにおける中越の代理戦争のような内戦など、一連の紛争が続いたが、これらの動乱も八二年以後は緊張緩和に向かった。カンボジア和平とＵＮＴＡＣ(国連カンボジア暫定統治機構)の活動も一応の成功を収め、ＡＳＥＡＮ地域フォーラム(ＡＲＦ)において中越両国と域外諸国を巻き込んだ外交協議の場を設営することもできた。米軍撤退後の協議と制度形成として、東南アジアの地域機構がつくられたのである。

過去一〇年ほどの間におけるアジア地域の国際関係は、東アジアにおける力の均衡と、東南アジアに端を発した地域協力の拡大が交錯する過程として捉えることができるだろう。ＡＳＥＡＮ各国を主体として行われてきた外交協議は、ＡＳＥＡＮ拡大外相会議へ拡大し、日本やオーストラリアなど、地域の外の諸国も巻き込んで発展を遂げていった。こうした枠組があればこそ、当初はマレーシアの反撥などを受けたアジア太平洋経済協力(ＡＰＥＣ)も、二つの中国を含むフォーラムへと育ち、この地域における紛争を未然に防止するための機会を提供することもできたのである。

地域機構の成長は、九七年のアジア通貨危機以後も進んでいる。ASEAN加盟国に東アジアの三国を合わせた協議体であるASEANプラス三の展開を見れば、地域としては東南アジア・東アジアを横断し、また議題としては貿易や直接投資ばかりでなく通貨問題までも取り上げた協議の拡大を認めることができるだろう。EUのような高度の地域統合とはほど遠いとはいえ、アジア地域において、アメリカの影響力から相対的に自立した政策協議の場が築かれてきたことは、まず否定できないだろう。

だが、ヨーロッパの地域統合が大西洋の軍事協力という大枠のなかでのみ進められたのと同じように、アジアにおける地域協力も、やはりアメリカの兵力と権力に頼ることに伴う制約を免れてはいない。経済ではワシントンの要請や勧告に対する抵抗を辞さない日本や韓国も、こと軍事に関してはワシントンの決定にいまなお左右されているからだ。北朝鮮へのオリーブの枝のような協議と和平の提案をさしのべてきた韓国も、ブッシュ政権が北朝鮮に強硬な姿勢をとると、その枝を引かざるを得なかった。日本でいえば、経済では多国間協調を求め、アメリカの決定に制度の枠をかぶせようとしながら、そのような経済外交とはうって変わって、安全保障に関しては日米関係を第一とし、各国間協調についても日米基軸という原則を脅かすものではないかという警戒のほうが先にたってきた。そのために、ここでは地域の安全保障を協議するような展開は、なかなか育ってはいない。

安全を供給するアメリカ政府から加えられる要望や圧力の前には脆弱な点で、アジアの地域協議にもヨーロッパと類似した大きな限界がある。そしてヨーロッパと異なり、冷戦期からの緊張を持ち越したアジアでは、米軍が実力行使を行う可能性もまだ残されている。

地域の軍事的均衡がアメリカのプレゼンスに依存する限り、この状況が変わる展望はない。そして、これもヨーロッパと同じように、地域のなかではそれなりの限られた自立性を獲得しようとしているアジア諸国も、その地域の外でアメリカがどのような役割を担うのか、その点については関心が乏しかった。自分たちに銃口が向かってこない限り、アジアの外で米軍が展開する軍事介入は、決して大きな問題とはされていなかったのである。

声なき声――「第三世界」の運命

アメリカが帝国に向かうことで、もっとも大きな犠牲となったのが、かつて「第三世界」と呼ばれた、軍事的にも経済的にも、世界の底辺を構成する地域である。それは、この地域に住む人たちが、アメリカの軍事行動で犠牲にされているという意味ではない。アフガニスタンを空爆されて死ぬ人々よりもはるかに大きな、見殺しともいうべき無策と放置がそこでは展開されているからだ。アメリカにヨーロッパと東・東南アジアを加えた「世界」から見捨てられ、放置されるという意味において、この地域は現代世界の紛争、飢餓、絶望を集約したような存在となっている。

ヨーロッパでも東・東南アジアでも、地域の安定を支える基礎にはアメリカの軍事力があり、軍事領域における対米依存が保たれている。安定といえば聞こえはいいが、地域の主導権はそれだけワシントンの決定に制約されるわけだ。そのためもあって、アメリカへの権力集中を憂慮する声はかねてから表明されていた。だが、今ではそれほど多くはない。

それは、ヨーロッパやアジア諸国とアメリカ政府の利益が一致するようになったからではない。利益の点では不一致があっても、ワシントンの決定を和らげるような仕掛けと、地域としての利益を発言する機会は、ことにヨーロッパではかなり完備されているからだ。

ワシントンから加えられる外圧を和らげる装置を持ち、ワシントンに対して声をあげる機会にも恵まれている。そうした制度的な条件に守られているために、ヨーロッパも東・東南アジアも、直接にアメリカの権力と向かい合う機会を避けることが、ある程度はできるだろう。だが、「第三世界」の場合、そんな緩衝もなく、その主張を発言する機会も与えられてはいない。

そこでは、直接にアメリカのパワーと向き合うことを強いられるのである。

植民地から独立した諸国が次の国際関係をつくる担い手になる、そんな夢が語られた時代があった。

もっとも貧しいものが、その苦しみゆえに現体制を倒す先頭に立ち、新しい世界をつくる。これまで搾取されてきたものが、搾取の体系を壊し、権力関係を変えることによって歴史の前衛に立つはずだ。このような窮民革命とも呼ぶべき考えかたには、中世の千年王国反乱から共産主義運動における無産者の役割規定に至るまで、長い伝統がある。そしてこの観念を、西欧世界と非西欧世界の関わりに投影してできたのが、「第三世界」というイデオロギーだった。奴隷貿易の時代から制度的な植民地統治が行われた時代に至るまで、非西欧世界における暴力と貧困は列強による支配と搾取の産物だった、その桎梏を打破せよ、という議論だ。

そこには政治的独立への期待とともに、自立経済を実現するという夢もあった。世界市場とのつながりを続ける限りは経済的従属を免れることなどできない。この判断に立って、新興独立国は自国通貨を過大に評価しつつ、輸入代替政策を推進し、資源ナショナリズムを訴えた。植民地独立を支援する側に立っていたはずのアメリカも、宗主国と同じ「西側」の陣営に属していただけに、支配と搾取の側に立つものと目されていた。

また、冷戦という地政学的な条件が、非西欧世界に資源やパワーを越えた戦略的意味を加えることになる。東側と西側という体制選択の闘争であるだけに、独立国がどちらの陣営に加わるかは東西冷戦の帰趨を左右する。そして第三世界こそ、新たな国家が形成され、力関係が変容しつつある地域だった。米ソを手玉に取って経済援助や軍事援助を得ることも可能となる。一九六〇年代のインドは、食糧援助をアメリカから確保しながら、兵器はソ連から獲得していた。失敗すればベトナムやアフガニスタンのように米ソの直接介入を招きかねないとはいえ、資源の少ない国でも米ソに高い値をつけさせることのできるのが冷戦という時代だった。

そんな「第三世界」の声を反映する場が国連だった。人口と国の数において世界の多数を占めているという「数の力」が、現実のパワーにおいては劣るこれらの諸国の発言力に一種の公共性を与えていた。非西欧諸国が相次いで独立を遂げると、一国一票に基づくことから「数の力」を反映しやすい国連総会を基盤として、新しい国連がつくられてゆく。国連貿易開発会議(UNCTAD)、さらに国連開発計画(UNDP)などが設立され、第三世界の要望を重視した開発が模索された。先進国の潤沢な資金に立脚する世界銀行とは比較にならない予算しかないものの、一九七〇年代後半の国連が、大国協調に基づく既存の国際組織とは異なる「第三世界の国連」という方向に向かっていたことは事実だろう。

結果からいえば、第二次大戦後の世界に広がったさまざまなイデオロギーのなかでも、第三世界というイデオロギーほど、無惨な失敗に終わったものは少ない。世界市場から独立を求める試みはほぼ全て、成果を挙げることができなかった。輸入代替は国際収支の悪化と財政破綻を招いてしまった。資源の国有化も、資源を国外に売らざるを得ない以上、予想されたような第三世界の交易条件を好転させる変化とはならなかった。第三世界への富の分配よりは先進工業国への富の集中が進むことになる。

そして、発言の場としての国連も、さしたる助けにはならなかった。新しい国連は世界の住民の多数を代表してはいたが、現実の国際政治における富と軍事力の集中とは逆行していたからである。国連に第三世界の利益が代弁されるため、主要な決定の場が国連の外、たとえば先進国の構成する首脳会議や蔵相会議などに移ってしまった。一国一票の原則だけでは大国の影響力に抵抗できるはずもなかったのである。

ソ連・東欧圏の崩壊によって冷戦の終わりが決定的になったとき、「第三世界」と「新しい国連」の退潮も決定的となっていた。世界銀行が持てる国を代表するように、湾岸戦争における多国籍軍は、アメリカを中心とした軍事力の分布を反映していた。国連との協議なしに準備された多国籍軍の行動に対して事後承認を与えてしまった点で、対イラク全面武力行使を容認した安全保障理事会決議(六七八号)は、アメリカを中心とした大国協調による平和に、「第三世界」の立場を代表してきたはずの国連が譲歩した転機でもあった。

その後の一〇年のうちに、「第三世界」と国連の退潮はさらに進む。地域紛争に対する平和維持活動を重視し、国連との協力を打ち出したクリントン政権も、ソマリア派兵が惨めな失敗に終わると、一転して平和維持活動への参加に消極的となった。その後に高まったオルブライト国務長官とガリ事務総長との軋轢は、最終的にガリの退陣とアナン新事務総長の就任という結果を招いた。冷戦終結後の地域紛争への関与は、ワシントンの承認なしには動かない仕組みができあがったのである。

冷戦終結とは、地域への関与から大国が手を引く過程でもあった。ソ連の関与に張りあう必要もなくなった以上、戦略的な重要性が大幅に低下したコンゴやアフガニスタンに兵力を派遣する必要もない。冷戦期には交戦勢力の一方に肩入れしてきたアメリカが紛争地域から手を引き、アフガニスタンのイスラム・ゲリラやパナマのノリエガ将軍のようなアメリカの傭兵は、使い捨てにされたまま放置された。そうした地域では、大国を操作して資金や兵器を獲得する機会はなくなる一方、国際通貨基金などの政策勧告(コンディショナリティー)に応じなければ経済を支えることもできなくなった。

中東はもちろん、アラブ地域から南部までを含むアフリカ、カリブ海、あるいは南アジアなどの諸国は、冷戦終結後の国際政治における権力集中が生みだした荒廃にさらされてきたといえるだろう。大国に使い捨てられた後に取り残され、紛争が激化した地域においても、アメリカなど大国の住民の安全を脅かさない限りでは、どれほどの死者がそこで生まれようと、ルワンダ内戦やコンゴ内戦に見られるように、それらの紛争は放置されたままだった。

そして、九月一一日事件のようにアメリカの住民を殺した場合には、そのアメリカ国内ではとても採用することのできないような大規模な制裁が、これらの地域に加えられることになる。アメリカ人を殺さない限り、この地域の惨状に光が当てられることはない。そんな荒廃が広がっている。

ヨーロッパやアジアのように、アメリカのヘゲモニーを受け入れつつ、その波及から身を守る機構を保持する地域では、このような「世界の底」に加えられる暴力に対しても、消極的賛成か、無関心しか生まれなかった。その状況に対して実効性のある対抗手段をとる権力も、また各国が耳を傾けざるを得ないような反論の場も、これらの諸国には残されていない。「第三世界」は歴史の先頭どころか、その末尾に置かれたまま、無視される存在となってしまった。

終章　帝国からの選択

自己愛と自閉

　これまで、アメリカへと権力が集中する過程について述べてきた。現在のブッシュ政権を見れば、すでに、同盟国や地域の諸国によるほぼ一致した反対をも押し切って、イラクへの軍事行動を起こすべきであると、チェイニー副大統領などが公言している。他国の政府を変えてしまう目的のために、アメリカ単独であっても戦争を辞さないというのである。これを帝国と呼ぶことが誇張になるとは思わない。

　だが、帝国という言葉を使うことで、その権力を過大評価し、固定して考える危険もある。ワシントンにおける権力の中心は、水銀のように移ろいやすいと、アメリカのジャーナリスト、ヘンドリック・スミスが書いたことがある。それに倣っていえば、国際関係における権力分布と、外交政策の選択肢も、実は水銀のように動いている。

　水銀は、そのときどきの条件に応じて絶えず揺れつづけ、傾き、別の方向に流れてゆく。水銀が止まって見えるときには、動くことなどあるだろうかと思うかも知れない。ところがその滴も、何かの拍子に、すぐに流れてしまうのである。

力を過大に捉え、固定化してしまえば、水銀の揺らぎから目を背け、外交政策における選択を狭めて考える危険も生まれるだろう。アメリカ国内におけるアメリカ外交の見方でいえば、ワシントンの力と正義を過大評価する解釈に傾き、またアメリカの外でいえば、ワシントンを前にして選択肢を狭めて考え、必要もない無力感にも襲われることになる。

アメリカ国内では、すでにアメリカの力と正義を過大評価する認識が広がっている。国際関係における権力がアメリカへと集中するにつれて、外交史における過去の解釈が変わっていった。正しく強いアメリカというイメージを過去に投影しはじめたのである。代表的な三人の議論をとりあげてみよう。

冷戦史の研究で知られるジョン・ルイス・ギャディスは、冷戦下におけるアメリカが帝国という地位にあったと指摘している。それに加えてギャディスは、ソ連に比べてアメリカが政治的に自由で開放的な社会だったからこそ、ヨーロッパ諸国は手を組む大国としてアメリカを選んだのだと論じる。そして、先に触れたルンデスタッドの「招かれた帝国」概念を引用しつつ、そのなかでも「招かれた」要素に力点を置いた議論を展開している。

トニー・スミスは、その著書『アメリカの使命』のなかで、ギャディスよりもさらに強気の解釈を行っている。彼によれば、デモクラシーのために安全な世界をつくろうというウィルソン大統領の願いは、レーガン大統領の手によって実現された。これまでは、ウィルソンの国際協調主義が、砲艦外交や権力政治とは対極に立つものとして議論されてきた。だがスミスは、力の行使を恐れることなく世界を自由にするために戦うことこそがウィルソンによって示されたアメリカの使命であり、レーガンがそれを実現したのだ。ワシントンが権力を行使したから世界が解放された、というのである。

九月一一日事件の後になると、もっと露骨な議論が出てくる。たとえばロバート・ケイガンは、ヨーロッパの人々とアメリカ人が世界観を共有していると見せかけるのはもうやめよう、アメリカが単独行動をとればよいではないか、と言い放っている。

ケイガンによれば、これまでのヨーロッパ諸国が軍事力の行使に慎重な立場をとることが多かったのは、要するにヨーロッパが軍事的に弱かったからに過ぎない。そして、冷戦後に「ただひとつの極」となったアメリカが軍事力行使に積極的となるのはごく自然な結果である。いつでもどこでも選んだところに軍事介入をできるのだから、ヨーロッパ諸国から同意をとりつける努力などは止めてしまえ、というのである。

ギャディス、スミス、ケイガンの三人は政治的な立場も多様であり、間違っても「タカ派」の集まりとして一蹴できるような人たちではない。だがこの三人のいずれの認識をとっても、そのなかには他者というものが、まるで存在しない。

ギャディスの分析では、冷戦を絶えず揺るがしていた地域への介入という問題が、すべて切り落とされ、米ソ冷戦はワシントンとモスクワの対決に還元されている。トニー・スミスの議論では、ワシントンの政策決定ばかりが素材として取り上げられ、そのワシントンの相手方が何を考えどう行動したのか、分析がない。ケイガンの場合は、相手のことなんて、もう考えなくていい、というところまで行き着いている。

この人たちにとって、アメリカの外に広がる世界は、アメリカの持つ権力の大きさと正しさを映す鏡、それも見る側の願望にあわせて綺麗なところだけを映し出す、うぬぼれ鏡のようなものにされている。これらを見れば、冷静な分析を行うはずの社会科学者でも、『インディペンデンス・デイ』や『インディアナ・ジョーンズ』のような、自分の手で仮構した自画像に頼り、自己愛と自閉におぼれてしまう危険のあることが分かるだろう。権力を持つことによって、アメリカも多くのものを失っているのかも知れない。

単独行動への依存

もし「帝国」が永続的な秩序というようなものではなく、個々の政策によって変わりうるものであるとすれば、その「帝国」から脱却することも可能だ、ということになるだろう。帝国状況を克服する選択を考えるために、大国が帝国に傾くことによってどのような問題が生まれているのか、ここで整理してみよう。

権力集中の生み出す第一の問題が、単独行動への依存である。権力が集中することによって、他国との協調や協議に頼る必要性が少なくなるからだ。実際、ブッシュ政権のもとで展開している国際関係は、複数の諸国が利害を調整する過程であるとは、とてもいえない。そこにあるのは、ワシントンの提案に各国の賛同が求められ、仮に各国の賛同が得られなくてもそれが結果にされてしまうという一方的な過程に過ぎない。これでは、国際関係において求められるような協議や協調は期待することもできない。アメリカの内政を世界に拡大したものがブッシュ政権にとっての外交なのである。

改めて指摘するまでもなく、ブッシュ政権が成立してからのアメリカ政府は、多国間協調よりは単独行動主義へ、国際機構の形成よりはアメリカのパワーへの依存へ、そして多国間協調に従う国際的関与よりは撤退と孤立を選ぶという方向へと向かってきた。冷戦終結から一〇年間続いてきた試行錯誤を経て、アメリカは狭義の国益を実現するためには国際協議からの離脱も単独の軍事介入も辞さないという、計りが振り切れたところで針が止まるようなバランスを失した単独行動主義を選んだのである。

単独行動主義の裏にあるのが、国際機構や制度を「邪魔者」として扱い、実質的に排除する政策である。国際機構が国際機構である限り、アメリカもその決定に服すのが原則である。だが単独行動を貫くならば、国際機構が加える規制も、アメリカだけに関しては適用を拒否する、という政策が導きだされる。京都議定書拒絶やABM条約の廃棄もその一例といえるだろう。そして、さらに突出した事例が、国際刑事裁判所（ICC）への参加問題である。

戦争犯罪を中核として大量虐殺などの罪を裁くこの裁判所は、冷戦後に広がった国際政治の倫理化に法制度の根拠を与えようという、たいへん意欲的な試みである。これまでに行われてきた戦争犯罪の摘発は、それぞれの紛争が起こった後で、それも戦争犯罪を摘発することへの国際的な合意が生まれて、初めて実現するものだった。そのような、そのときどきの決定に従わなければならないアドホックな組織ではなく、国際的な常設機関をつくり、戦争の違法化に制度的に裏付けを与えることが、この裁判所の目的だった。

これまでにもアメリカは、ユーゴスラビアに対する戦争犯罪の摘発などに積極的な立場をとってきた。それだけに、この裁判所の設立は、それまでのアメリカの政策の延長線上に位置するものといってよい。だが、アドホックに設立された戦争犯罪法廷とは異なり、常設機関として戦争犯罪が対象とされてしまえば、米軍やアメリカ政府の戦争犯罪が糾弾の対象とされる可能性もある。米軍のとった過去の行動が問い直され、将来の作戦にも慎重さが要求されるだろう。アメリカだけを対象から外した国際刑事裁判所など、考えられないからだ。

これはアメリカから見れば、「正しい軍隊」の正しさが問われかねないという危険を示している。クリントン政権では、かなり判断が揺れたものの、最終的には裁判所の設立に賛成が示された。しかしブッシュ政権は政策を転換し、国際刑事裁判所の設立を定めたローマ規程の批准を拒否する。

それればかりではない。現在アメリカ政府は、各国に対して、アメリカ政府や米軍は国際刑事裁判所の決定の適用を受けないものとする、との合意を要求している。ローマ規程が、設立条約に合意していない諸国にも裁判所の決定が及ぼされると定めたため、アメリカが規程に賛成しなくても米軍が裁かれる可能性が出てきたからだ。国際刑事裁判所に対してアメリカ政府の示したこの明確な拒絶は、アメリカによって裁かれることはあっても、そのアメリカは裁かれない世界が生まれたことを示している。

政策の一元化・多様性の否定

権力集中がもたらす第二の危険は、各国における政策の一元化、あるいは多様性の否定、というべきものである。もちろん、各国が独立した政府である限り、どの政策を採用するのかは、各国の政府によって決めることができる。決まった政策が、アメリカのものと違うこともあるだろう。

しかし、アメリカがとる政策は各国にとっても有利になるはずだとか、各国の利益とアメリカの利益との間には基本的な違いが存在しない、などと想定すれば、この前提は成り立たない。開かれた世界において合理的な選択を各国政府が採用する限り、アメリカが強制しなくても、各国はアメリカと同じ政策をとるはずだ、という議論も生まれるからだ。

各国の政策は本来同じものになるはずだ、という前提から始めれば、政策の違いは当然のものではなくなり、極端な場合には、是正すべき誤りとさえ見なされてしまう。各国の採用する政策がアメリカと違うのは、各国が独自に判断したからではない。違いが生まれる理由とは、それぞれの政府において政治的自由や経済的自由が阻まれており、合理的な決定を望むものも、そのような壁に阻まれて自由な決定を実現できないからだ。そんな政府に対して介入を行い、政策を是正したとしても、介入を受ける社会にとってはそれが解放であり、歓迎すべき事態ではないか、という議論である。

もちろんこれは、現実の世界をあらわした分析というよりは、片寄った理念を表明したものに過ぎない。国による政策の違いを排除するほど拘束力の強い普遍主義や国際体制が世界につくられたことはない。国際政治の原則は、今でも政策の多元性である。だが、その強烈な自信、信念、普遍主義を掲げるのがアメリカなら、この片寄った理念を現実に投影し、理念にあわせて現実を変えてしまうこともできる。いくら片寄ってはいても、政策を変えさせるための介入を行う力があるからだ。

アメリカによる介入の手段としては、経済制裁と軍事介入のほかにもさまざまな政策勧告と、その政策勧告の強制などがある。サミュエル・ハンティントンは、そのような勧告と介入のいくつかを、次のように列挙している。第一に(アメリカからみて)普遍的な人権と民主主義という価値やその価値の実践を、各国に期待し、要求すること、第二に(アメリカの)通常兵器の優位を脅かすような軍事力を求める政府に対して、そのような脅威を取り除くための軍事介入、第三にアメリカ国内法をアメリカ国外に適用すること、第四に諸外国が人権、麻薬、テロあるいは核拡散などについて(アメリカの掲げる)基準をどれだけ満たしているか、その成果に成績をつけること、などである。

ハンティントンの掲げる勧告と介入のリストは、まだまだ続いている。ここでの問題は、どちらかといえば保守的な政治学者とされてきたサミュエル・ハンティントンでさえ、アメリカ国内の狭い理念や利益を普遍化するような過程として、この勧告と介入の体制が広がることを憂慮していることだろう。アメリカの力があったからこそ世界の民主化も進んだのだとかつては豪語したハンティントンが、世界の権力と価値の多元性に対して、もっとアメリカは目を向けるべきだと主張しているのである。

国際機構の空洞化・公共領域の解体

ワシントンが多様な対外政策を認めようとしないことについては、その単独行動主義とともに、ヨーロッパ諸国や日本から、また発展途上国の多くからも、つとに指摘されてきた。だが、問題は、それだけではとどまらない。アメリカが単独行動に走り、あるいは政策の一元化を求めれば求めるほど、国連をはじめとする国際機構は空洞化し、「国際関係」という領域が分解してしまうのである。帝国化のもたらす最後の、そして最大の問題が、ここにある。

大国が大国である限り、国際協力や機構に頼らずに単独行動に訴える誘惑は強い。逆にいえば、国際機構が機能する条件として、大国が単独行動を自制する、という条件を考えることができるだろう。そのためには、決定の手続について各国との協議を重視し、決定の結果に関しては、国益に背く場合でも共同決定の結果に従わなければならない。国際協調という枠組によって、権力の行使を自制するのである。

単独で行動すれば犠牲を払う必要もないだけに、大国がこのような妥協に応じることは難しい。長期的には国際協調の保持が広い意味における国益になるとしても、短期的に見れば、協力は損にしかならないからだ。まして、その大国が単独で優位を保つ帝国状況に置かれていれば、こんな一方的自制など期待できないと考えるのが普通だろう。

だが、現実の国際機構の設立は、そのような大国の自制によって支えられてきたという面がある。たとえば、第二次大戦後の制度構築を見れば、大国の協力によって支えられた国際機構の設立を、戦後構想の中核として重視していたことは否定できない。そんな機構ができれば自国の政策決定が拘束される可能性があるのに、なぜ、アメリカは国連などの設立を進めたのか、という疑問も出てくるだろう。

研究の多い分野ではあるが、ここではホィーラー＝ベネットとニコルスの指摘に注目しておきたい。英ソ間の均衡がつくられることで、大戦後のアメリカが過大な負担を背負い込まないことを、第二次大戦におけるローズヴェルトが期待していた、というのが彼らの分析である。アメリカが手を引けるような均衡をつくり、その均衡を保持するために国際機関を設けておくわけだ。

いうまでもなく、大戦中におけるアメリカのパワーは、他国のそれを圧倒する地位にあった。だが、だからといって戦後の政策の優先順位が対外的優位の確保に置かれるとは限らない。犠牲の多い戦争が終わった以上、その兵力動員を解除し、平時の安定を取り戻すことへの需要も大きいからだ。その他面、撤退した後に不安定が広がったり、アメリカの利益に反するような政策を各国がとることも望ましくない。

過大な関与は避けたいが、不安定も望ましくはない。撤退した後の地域に勢力均衡が保たれ、しかもその均衡がただの力関係にとどまらずに国際機構と制度によって裏打ちされていれば、過大な介入や権力行使に頼ることなしに、自国に有利な状況をその地域において保つこともできるだろう。ローズヴェルトにとって、国連の設立は、狭義における国益の確保から考えても、決して不利な選択とはいえなかった。

ことばを換えていえば、大国にとっての国際協調とは、理念のために自国の利益を犠牲にすることではない。協調を支えるためには、過大な支出が不可欠になるというわけでもない。それどころか、第二次大戦後の制度構築の過程をふり返れば、国際協調という選択をとることで、単独行動や過大な介入よりもコストをおさえつつ、より制度的で、より安定した秩序を形成できる可能性もあるといえるだろう。

主権国家の構成する国際関係が、その「国際関係」という枠を保ったまま安定を保つことは、大国にとっても決して不利なことではない。また、単独行動に訴えることだけが大国にとって有利な選択であるともいえない。だとすれば、力の優位があるからといって、大国がその優位を利用し、帝国としての政策をとるように変わってしまうとは限らないのである。大国による帝国への転化は、決して必然ではない。

ローズヴェルトが優位の確保よりも国際協調を選んだとすれば、冷戦直後の一〇年間に関する限り、冷戦後のアメリカも国際協調という枠は保ってきた、ということができる。力の分布という国際政治の構造的な側面では帝国へと転化する危険が存在したとはいえ、政策としては帝国に向かわなかった。

このように整理すれば、ブッシュ政権は、冷戦後のアメリカ外交を、国際協調を前提とした対外政策から、単独行動の優先と対外的優位の確保へと、大きく変えてしまった、ということができる。その結果として、国際協調の展望が失われ、国際連合を含む多くの国際組織の機能が空洞化してしまった。それは、わずかとはいえ芽吹いていた国際政治における公共領域の形成を壊す変化だった、と呼ぶこともできるだろう。

アメリカの単独行動主義に反撥してきたEU諸国にも、その流れを左右する力はなかった。九月一一日事件が起こったとき、西欧諸国で流れた観測は、ブッシュ政権が国際協調主義に戻るきっかけとなるのではないかとか、同盟国の必要を自覚するのではないか、などというものだった。単独行動は極端な政策であることにワシントンも気がついてくれる、という希望の表現だ。この観測には現実の根拠がなく、ただの西欧諸国の願望の表明に過ぎなかったことは、事件から一年近く経ったいま、残酷なほど明らかだろう。

東アジア・東南アジアに対しても、ワシントンは外交協議での紛争解決よりは軍事介入に傾いていった。朝鮮半島では、クリントン政権において南北対話の進展を慎重ながら歓迎してきた方向を一転し、北朝鮮を「悪の枢軸」の一国として名指しした。南北会談を積極的に進めてきた韓国の金大中大統領も、国内における支持率の低下とワシントンの政策転換という内外の困難のために、和平のイニシアティヴをとることが難しくなってしまった。

アメリカが帝国に向かうことは、新たな秩序の形成ではなく、国際協調によって支えられてきた制度的な枠組を壊してしまう、という変化だった。それでは、こんなことがこれからも続くのだろうか。優位の確保から協調の重視に戻る展望はあるのだろうか。

出口をさがして

権力が集中したからといって政策が一つに限られるわけではない。アメリカが単独行動を国際協調よりも優先する行動に切り替えるには、ブッシュ政権の登場と九月一一日事件が必要だった。逆にいえば、権力の分布は変わらなくても、政策は変わりうるということだ。最後に、帝国から脱却する道をさがしてみよう。

まず、帝国の権力に対して、武力で反撃を加えることに期待することが、空しく、愚かであることを、改めて確認しておきたい。ゲリラで、テロで、あるいは正規軍によって、アメリカの軍事的優位を掘り崩すことを画策する勢力は、すでに世界ではごく少数となった。搾取され、虐待された人々が武装闘争の先頭に立つという、いわば窮民によって起こされる革命への期待がかなうことは、まずないだろう。

そして、武力に訴えて世界の現状を変えることは、アメリカばかりでなく他の多くの諸国にとっても、安定と平和への脅威になる。ごく少数の人々や集団を別とすれば、そんな行動に対する支持が世界に広がることは考えられない。九月一一日事件の後の国際関係は、帝国の支配に対して反撃すれば、却って世界各国による帝国への支持を広げ、その結果として帝国を強めてしまうという循環と逆説を、鮮やかに示している。

次に、帝国は内部から壊れるものだ、という答えがあるかも知れない。膨大な地域を支配するためには膨大な資源を浪費し、財政負担を覚悟しなければならない。ローマ帝国と同じように、支配の対象を広げることによってアメリカは内側から壊れていくのだ、という議論だ。

この議論にも説得力が感じられない。いまのアメリカ政府には世界各地に直接介入する必要はない。それどころか、アメリカと競合する権力がないからこそ、冷戦期以上に、現在のワシントンには介入しない自由が生まれているのである。敢えて直接の干渉をしなくても、各国が帝国の決定に従うことを期待することができる。介入せずに権力を保つことができるだけに、この極限的な非公式の帝国は、経済効率がよく、コスト負担のために壊れる危険は少ない。

より積極的な回答が、地域機構の形成だろう。その地域独自の制度構築に成功すれば、帝国の影響に直接さらされることもなく、一国だけでは得られないような発言力を確保することもできる。力をまとめることで対抗も防衛もできる、という仕組みだ。ヨーロッパや東アジア・東南アジアを見れば、アメリカのヘゲモニーや帝国化を過大視することはない、独自な地域形成が進んでいるではないか、と考える人もあるだろう。

だが、帝国という枠組を放置したままで地域ごとに独自な空間をつくるだけでは、おそらく帝国支配を克服するための答えは出てこない。ヨーロッパもアジアも、地域の中の国際関係や社会経済領域の決定については独自な領域を確保したものの、安全保障、殊に地域の外部における平和維持についていえば、アメリカの影響力を受け入れ、その武力行使に依存するという性格を持っている。中東からアフリカにかけて広がる地域から見れば、ヨーロッパも東アジアも、帝国としてのアメリカを相対化する存在どころか、その受益者に過ぎない。

帝国に対して地域の自立を回答とするだけでは、国際政治における権力をどのように構成するかという、ごく基本的な問題には答えることができない。問題の根底には、国際政治における公共的な権力を帝国に肩代わりさせているという特徴、つまり世界が帝国に頼って秩序を保持している、という問題が横たわっているからだ。

ここで必要となるのは、国際関係全体の権力をどう構成するか、という問題である。アメリカに対抗するのではなく、またアメリカから保護された地域にこもるのでもなく、アメリカを含む国際関係をどう構築するのかという、もっとも面倒な問題が残されている。

国際関係を「帝国」状況から変えてゆくためには、やはりアメリカが対外政策を転換することが、必要となるだろう。いまのアメリカであれば、同盟国に頼ることなく戦争ができる以上、単独で開戦を決定し、単独で戦ってもよい、と主張するものもあるだろう。だがそれによって国際機構は空洞化し、世界各国は地域機構の拡充に走ってしまう。米軍の軍事行動に半分は依存しながら、地域の外の治安維持については、どの国も積極的には協力しないだろう。

つまり、アメリカが帝国に向かうことで生まれるのは、いわば世界的な面従腹背ともいうべき帰結なのである。もちろんこれは、アメリカにとって有利な状況とはいえない。だが、その状況において各国の同意を強制すれば、さらに各国が離反してしまう。帝国に向かうことで、アメリカは国際的孤立を強めることになるだろう。

軍事秩序以上に社会経済領域において、そのような孤立化は、アメリカに不利益な結果をもたらすことになる。安全保障分野とは異なり、貿易や通貨におけるアメリカは、他国よりも優位に立つとはいえ、単独で制度を運用するほどのリソースはない。世界貿易機関(WTO)や国際通貨基金(IMF)など、アメリカのイニシアティヴによってつくられた機構の決定をアメリカが破ってしまえば、国際経済の安定を損なうことで、アメリカ経済が打撃を受けてしまう。

その可能性がすでに現実のものとなったことは、鉄鋼の輸入規制に対するＷＴＯの裁定などに見ることができるだろう。

帝国となる力に恵まれたアメリカにとって、その最大の敵はアメリカ自身なのである。帝国に代わる世界を考えることは、アメリカに対抗するか、アメリカに従属するかという二者択一ではない。「アメリカ」の政策も、「アメリカ」の理念も、ひとつに決まったものではないからだ。帝国から撤退して国際主義に戻ることは、世界各国にも、またアメリカにとっても、有利な選択となるのである。

ワシントンの政策を事後的になぞることでは何も生まれない。だが、反撃を誓うことも、地域で囲い込むことも、問題の解決にはならないだろう。国際協調の枠のなかにアメリカを戻し、「アメリカが帝国となった世界」ではなく、「アメリカを含む世界」をつくること、つまるところ国際関係における権力構成に手をつけることなしには、展望も開けてこない。

アメリカと世界との関わりでいえば、ヨーロッパや日本において従来から議論されてきたのは、アメリカが孤立主義に走る危険だった。アメリカが国際関係への関わりから手を引いてしまえば、そのあとに混乱が起こるだろう、アメリカの国際的なコミットメントを確保しなければならない、という主張である。そのような憂慮があったために、日本政府は冷戦が終わった後も米軍の駐留が続くようにアメリカに求めてきたし、ヨーロッパでは欧州安保協力機構（OSCE）よりも北大西洋条約機構（NATO）の拡充が優先されてきたのである。

このような、孤立主義か国際主義か、という選択肢の立て方は、あるいは誤っていたのかも知れない。NATO加盟国や日本などが望んだように、アジアへもヨーロッパへも軍事的に介入する力と意思をアメリカは保ち続けており、その意味ではアメリカによる「コミットメント」は確保されている。だが、そのアメリカの行動に対してこれらの諸国が持つ影響力は、限りなく小さくなってしまった。孤立主義を避けたからといって、国際主義が選ばれるとは限らない。

ほんとうの問題は、孤立主義を避けることではなく、単独行動への依存を避けることなのである。アメリカが帝国に向かい、単独行動に頼るとき、他の諸国はアメリカとの距離を広げ、それぞれの地域における制度形成に関心を移してしまうだろう。その結果として生まれるのは、国際政治における、壮絶な無責任状態、ともいうべきものである。

アメリカは、その国内の利益に関わる紛争についてしか反応を示さず、たとえばコンゴ内戦のような、アメリカ本土に関わりの少ない紛争は放置してしまう。ヨーロッパやアジアでは、その地域の外でアメリカが介入をしようと、あるいは介入せずに放置しようと、関心を払おうとはしない。ここでは、国際協力や協議の持つ役割が低下するばかりではなく、世界全体にとって必要な課題に取り組むような政府も機構もなくなってしまう。

もちろんこれは誇張に過ぎない。だが、大国が国際協力を度外視して帝国に向かってしまえば、このような荒廃を避けることも難しいのである。そして、この荒廃がアメリカにとっても不利益である限り、唯一の超大国となったアメリカが優位の確保ではなく、国際協調の選択へと回帰する機会はまだ残されている。

いま求められるのは、帝国に世界政府の代わりを務めてもらうことではない。地域の平和と発展にこもることでもない。ここで必要とされているのは、冷戦が終わるときに世界各国が果たすべきであった作業、つまり冷戦終結後に生まれた機会を利用して、国連機構を再編成し、その機能を強化することである。現代世界において公共性を主張できる機構とは、国連しか存在しない。そしてローズヴェルト大統領が国際連合に託した期待を引くまでもなく、国際機構の設立による平和を支持してきたのは、なによりもアメリカだったのである。

すでに衰え、荒れきってしまった国連を立て直すこと。アメリカのイニシアティヴに席を譲ってしまった現在の国連ではなく、本来あるべき国連、つまり地域機構の与える支えも乏しい諸国を含んだ、文字通り世界規模の協議の場を構築すること。難事には違いない。すでに焦点を地域協力に移したヨーロッパからもアジアからも、関心が集まらない可能性がある。だが、そのような、真の意味での国際関係における公共領域をつくる試みをしない限り、アメリカはもちろん、ヨーロッパからもアジアからも見捨てられ、見離された「闇の底」を、われわれは世界の中に抱え続けることになってしまう。

それは、心では支持していないのにアメリカを利用するという不毛な選択を続けることにもつながるだろう。アメリカに頼るか、アメリカを呪うのか、そのどちらかに片寄った情緒的な反応を乗り越えるためには、帝国に向かってしまったアメリカを国際主義と国際協力のなかに引き戻すための、われわれの努力が求められるのである。

あとがき

九月一一日事件に受けた二つの衝撃が、この本を書く動機になった。

この無惨な虐殺事件が伝えられた日本では、その犠牲者となったアメリカの人たちへの同情や共感の声が、多くは聞こえてこなかった。国際テロに妥協してはならないとか、いまこそ兵隊を送るべきだなどといった勇ましい発言はいくらもあった。でも、死ぬいわれのない人たちへ向けられた追悼は、少なかった。

ところが、ワシントンが求めてきた軍事協力については、代案といえるような代案が議論もされないまま、その受け入れがすぐに決まる。求められる前に協力を受け入れるという、不思議な行動もあった。理念では賛成していないアメリカでも、逆らうよりは迎合の方がいい。ご無理ごもっともの、無法な旦那を迎えるような対応だった。

子供のころにニューヨークの郊外で育ったため、私にとってのアメリカはずいぶん屈折したものになってしまった。日本とアメリカのどちらの社会も、それぞれに偏狭で、それぞれに色眼鏡から相手を、それでいえば世界を見ているように、私には感じられた。その間に立つのが良いのかも知れない。でも、日米の間には、海しか開いていない。

アメリカを悪の中心のように語る人々には、アメリカを内部から見る視点がうかがえなかった。さすがアメリカだという声には、希望的観測にあわせてアメリカを塗り立てるような空しさがあった。

たぶん私は、アメリカの偏狭さと、日本の偏狭さの両方に息が詰まり、傷ついてきたのだと思う。国際政治を専門としているのに、東南アジアの勉強をはじめたのも、そんな理由によるものだった。

日米の両方から距離を置いてものを見たかった。黒く塗りつぶすのではなく、かといって白粉で飾り立てるのでもなく、国際関係のなかのアメリカをそのまま捉えるにはどうしたらいいだろう。そんなことを考えてきた。

その答えをここで出すことができたとは、まだ思わない。それでも、アメリカにとって最大の難問がアメリカ自身であること、そして帝国へと踏み切ることによって、おそらくそのアメリカが多くのものを失おうとしていることは見えてきた、と思う。

アメリカについて、多くの先生方に教えていただいた。斎藤眞先生にはアメリカ政治の最初の講義を受け、五十嵐武士先生から冷戦研究の手ほどきをいただき、そのアメリカを相対化する視点を有賀弘先生に教わった。もっとも大きな影響を受けたのが、指導を担当して下さった坂本義和先生である。私は、人にも自分にも納得せず、不満をぶつけてまわるような学生だった。どれほど先生方に我慢を強いてきたか、いま教師をしていると、身に沁みてくる。学恩に心から感謝します。

アメリカについて書こうと考えてから、年上・年下を問わず、たくさんの友人と議論する機会に恵まれてきた。最上敏樹さん、李鍾元さん、杉田敦さん、石田淳さん、田島晃さん、ありがとうございました。配偶者の竹中千春は、議論のうえでもパートナーだった。ありがとう。

どこへ行ってもこのテーマしか頭になかったので、別の仕事でお会いした方にも、この問題について議論を求めることになった。そんなわがままに快く応じてくださったのが、中国の時殷弘、牛軍、金燦栄、龐中英、アメリカのスタンリー・ホフマン、ジョセフ・ナイ、そしてイギリスのグレン・フック、テレル・カーヴァーの各氏である。殊にフックさんについては、シェフィールドのお宅に泊めていただいているときに九月一一日事件が起こったことが思い出深い。外国で仕事することを可能にしてくださった丸井憲、佐橋晴男、福原哲哉各氏と合わせ、心から感謝したい。

なお、第二章の一部には、『国際問題』二〇〇一年一二月号に掲載された拙文「抑止としての記憶」の第一節を用いた。転載を認めて下さった『国際問題』編集部に感謝したい。原稿の整理は千田梨絵さんに手伝っていただいた。ありがとうございました。

本書の原型は月刊誌『世界』に、二〇〇二年四月号から八月号まで掲載されたが、章の並べ方から議論の組み立てに至るまで、全面的に書き改めた。『世界』編集長の岡本厚氏と新書編集部の小田野耕明氏なしに、この本はなかった。原稿は遅いのに注文が多い書き手だったと思う。感謝します。

私が最初にアメリカに行ったきっかけは、父のニューヨーク勤務だった。その経験はどこかでこの文章に現れているのだろう。その二〇年後には大学院に留学し、さらに二〇年後には家族とともにアメリカで暮らした。そのときアメリカを経験した私の子供たちが、将来アメリカのことを語るときは、もっとやわらかで、夢のあるアメリカを語ることになってほしい。その願いを込めて、本書を私の父母と子供たちに捧げたい。

藤原帰一

参考文献

Ambrosius, Lloyd E., *Woodrow Wilson and the American Diplomatic Tradition.* New York: Cambridge University Press, 1987.

Brigham, Robert K., "Resolve and Credibility: U. S. Policy toward Southeast Asia," *Diplomatic History,* 25-4 (Fall, 2001): 713-724.

Cheifitz, Eric, *The Poetics of Imperialism: Translation and Colonization from the Tempest to Tarzan.* Oxford: Oxford University Press, 1991.

Dallek, Robert, *The American Style of Foreign Policy: Cultural Politics and Foreign Affairs.* Oxford: Oxford University Press, 1983.

Doyle, Michael W., *Empires.* Ithaca, N. Y.: Cornell University Press, 1986.

Doyle, Michael W., "Kant, Liberal Legacies, and Foreign Affairs," *Philosophy and Public Affairs,* 12-3/12-4 (Summer/Fall, 1983).

Edwards, J. W. and Louis DeRose, *United We Stand: A Message for All Americans.* Ann Arbor, MI: Mundus, 2001.

Gaddis, John Lewis, *The Long Peace.* Oxford: Oxford University Press, 1987.

Gaddis, John Lewis, *We Now Know.* Oxford: Oxford University Press, 1996.

Gardner, Richard N., *In Pursuit of World Order: U. S. Foreign Policy and International Organizations.* New York: Praeger, 1966.

Hardt, Michael and Antonio Negri, *Empire.* Cambridge, Mass.: Harvard University Press, 2000.

Herring, George C., *America's Longest War: The United States*

and Vietnam, 1950-1975, 2nd edition. New York: Knopf, 1979, 1986.

Hoffmann, Stanley, *World Disorders: Troubled Peace in the Post-Cold War Era.* Lanham, MD: Rowman & Littlefield, 1998.

Hoffmann, Stanley, "Sovereignty and the Ethics of Intervention," in his, *The Ethics and Politics of Humanitarian Intervention.* Notre Dame: University of Notre Dame Press, 1996.

Hogan, Michael J. and Thomas G. Paterson, *Explaining the History of American Foreign Relations.* Cambridge: Cambridge University Press, 1991.

Hunt, Michael, *Ideology and U. S. Foreign Policy.* New Haven, Conn.: Yale University Press, 1987.

Huntington, Samuel, "The Lonely Superpower: America's Misguided Quest for Unipolar Hegemony in the Post-Cold War World," *Foreign Affairs,* March/April, 1999.

Jonas, Manfred, *Isolationism in America.* Ithaca, N. Y.: Cornell University Press, 1966.

Kagan, Robert, "Power and Weakness," *Policy Review,* No. 113 (2002).

Katzenstein, Peter J., *Cultural Norms and National Security: Police and Military in Postwar Japan.* Ithaca, N. Y., Cornell University Press, 1996.

Katzenstein, Peter J., ed. *Tamed Power: Germany in Europe.* Ithaca, N. Y., Cornell University Press, 1997.

Kennan, George F., *American Diplomacy: 1900-1950.* Chicago: University of Chicago Press, 1951, 1969. ジョージ・F. ケナン『アメリカ外交 50 年』近藤晋一ほか訳(岩波書店, 1991 年)

Keohane, Robert O., Joseph S. Nye, Jr., and Stanley Hoffman, eds. *After the Cold War: International Institutions and State Strategies in Europe, 1989-1991.* Cambridge, Mass.: Harvard University Press, 1993.

Keohane, Robert O., *After Hegemony: Cooperation and Discord in the World Political Economy.* Princeton, N.J.: Princeton

University Press, 1984.
Kissinger, Henry, *Diplomacy*. New York : Simon and Schuster, 1994. ヘンリー・キッシンジャー『外交』(上・下)岡崎久彦監訳(日本経済新聞社, 1996 年)
Knock, Thomas J., *To End All Wars : Woodrow Wilson and the Quest for a New World Order*. Oxford : Oxford University Press, 1992.
Kupchan, Charles A., *The Vulnerability of Empire*. Ithaca, N. Y. : Cornell University Press, 1994.
Landsdale, Edward Geary, *In the Midst of Wars : An American's Mission to Southeast Asia*. New York : Harper & Row, 1972.
Lebow, Richard Ned, and Thomas Risse-Kappen, eds., *International Relations Theory and the End of the Cold War*. New York : Columbia University Press, 1995.
Lemann, Nicholas, "The Next World Order," *The New Yorker,* April 1, 2002.
Lipset, Seymour Martin, *American Exceptionalism : A Double-Edged Sword*. New York : W. W. Norton, 1996.
Lipset, Seymour Martin, *The First New Nation : The United States in Historical and Comparative Perspective*. New York : Basic, 1963.
Lundestad, Geir, *"Empire" by Integration : The United States and European Integration 1945-1997*. Oxford : Oxford University Press, 1998.
May, Ernest R., *The Making of the Monroe Doctorine*. Cambridge, Mass. : Harvard University Press, 1975, 1992.
McCormick, Thomas J., *America's Half Century : United States Foreign Policy in the Cold War*. Baltimore : The Johns Hopkins University Press, 1989. トマス・J. マコーミック『パクス・アメリカーナの五十年』松田武ほか訳(東京創元社, 1992, 1999 年)
McMahon, Robert, *The Limits of Empire : The United States and Southeast Asia since World War II*. New York : Columbia University Press, 1999.

Nye Jr., Joseph S., *The Paradox of American Power: Why the World's Only Superpower Can't Go it Alone*. Oxford : Oxford University Press, 2002.

Nye Jr., Joseph S., *Understanding International Conflicts : An Introduction to Theory and History,* 3rd edition Longman, 2000. ジョセフ・S. ナイ『国際紛争』田中明彦・村田晃嗣訳(有斐閣，2002年)

Packenham, Robert, *The Dependency Movement*. Cambridge, Mass : Harvard University Press, 1992.

Paterson, Thomas S., *On Every Front : The Making and Unmaking of the Cold War*. New York : W. W. Norton, 1979, 1992.

Rice, Condoleezz, "Promoting the National Interest," *Foreign Affairs* (Jan/Feb, 2000).

Rogin, Michael, *Independence Day*. London : British Film Institute, 1998.

Rosenberg, Emily S., *Spreading the American Dream : American Economic and Cultural Expansion, 1890-1945,* Ithaca : Cornell University Press, 1982.

Shafer, D. Michael, *Deadly Paradigms : The Failure of U. S. Counterinsurgency Policy*. Princeton, N. J. : Princeton University Press, 1988.

Sheehan, Neil, *A Bright Shining Lie : John Paul Vann and America in Vietnam*. London : Picador, 1990. ニール・シーハン『輝ける嘘』菊谷匡祐訳(集英社，1992年)

Small, Melvin, *Democracy and Diplomacy : The Impact of Domestic Politics on U. S. Foreign Policy, 1780-1994*. Baltimore, MD : The Johns Hopkins University Press, 1996.

Smith, Tony, *America's Mission : The United States and the Worldwide Struggle for Democracy*. Princeton, N. J. : Princeton University Press, 1994.

Tucker, Robert W. and David C. Hendrickson, *The Imperial Temptation : The New World Order and America's Purpose*. New York : Council on Foreign Relations Press, 1992.

Valladão, Alfredo G. A., *The Twenty-First Century Will Be*

American(*Le XXIe siècle sera américain*). London : Verso, 1996. アルフレード・ヴァラダン『自由の帝国――アメリカン・システムの世紀』伊藤剛・村島雄一郎・都留康子訳(NTT 出版, 2000 年)

Walzer, Michael, *Just and Unjust Wars : A Moral Argument with Historical Illustrations.* New York : Basic, 1977.

Weber, Cynthia, *International Relations Theory : A Critical Introduction.* London : Routledge, 2001.

Wheeler-Bennett, John W. and Anthony Nicholls, *The Semblance of Peace : The Political Settlement after the Second World War.* New York : Norton, 1972, 1974.

Williams, William Appelman, *The Tragedy of American Diplomacy.* New York : W. W. Norton, 1972. ウィリアム・A.ウィリアムズ『アメリカ外交の悲劇』高橋章ほか訳(御茶の水書房, 1986 年)

五十嵐武士『日米関係と東アジア――歴史的文脈と未来の構想』(東京大学出版会, 1999 年)

五十嵐武士『覇権国アメリカの再編　冷戦後の変革と政治的伝統』(東京大学出版会, 2001 年)

入江昭『二十世紀の戦争と平和〔増補版〕』(東京大学出版会, 2000 年)

斎藤眞『アメリカ革命史研究――自由と統合』(東京大学出版会, 1992 年)

斎藤眞『アメリカとは何か』(平凡社, 1995 年)

田島晃「俯瞰する帝国」藤原帰一編『テロ後　世界はどう変わったか』(岩波書店, 2002 年)

藤原帰一「田舎の冷戦――統合米軍顧問団とフィリピン国軍再編成 1948-1950」『千葉大学法学論集』第 6 巻第 2 号(1991 年 11 月)pp. 67-80

藤原帰一「アジア冷戦の国際政治構造――中心・前哨・周辺」東京大学社会科学研究所編『現代日本社会』第 7 巻(東京大学出版会, 1992 年)

藤原帰一「主権国家と国民国家――「アメリカの平和」への

視点」岩波講座『社会科学の方法』第 10 巻(岩波書店，1994 年)
藤原帰一「世界戦争と世界秩序—— 20 世紀国際政治への接近」東京大学社会科学研究所編『20 世紀システム』第 1 巻(東京大学出版会，1998 年)
藤原帰一「冷戦の終わり方——合意による平和から力の平和へ」東京大学社会科学研究所編『20 世紀システム』第 6 巻(東京大学出版会，1998 年)
藤原帰一「抑止としての記憶」『国際問題』2001 年 12 月号
藤原帰一「アメリカの平和」同編『テロ後　世界はどう変わったか』(岩波書店，2002 年)
船橋洋一『同盟漂流』(岩波書店，1997 年)
古矢旬『アメリカニズム「普遍国家」のナショナリズム』(東京大学出版会，2002 年)
松岡完『1961 ケネディの戦争 冷戦・ベトナム・東南アジア』(朝日新聞社，1999 年)
油井大三郎『戦後世界秩序の形成——アメリカ資本主義と東地中海地域』(東京大学出版会，1985 年)

藤原帰一

1956年東京生まれ
東京大学大学院博士課程単位取得中退
現在—東京大学大学院法学政治学研究科教授
専攻—国際政治
著書—『戦争を記憶する』(講談社)
『「正しい戦争」は本当にあるのか』(ロッキング・オン)
『平和のリアリズム』(岩波書店)
編著—『20世紀システム』(全6巻,共編著,東京大学出版会)
『テロ後 世界はどう変わったか』(編著,岩波新書)
『「イラク戦争」検証と展望』(共編著,岩波書店) など

デモクラシーの帝国　岩波新書(新赤版)802

2002年9月20日　第1刷発行
2013年6月14日　第16刷発行

著　者　藤原帰一《ふじわらきいち》

発行者　岡本 厚

発行所　株式会社 岩波書店
〒101-8002 東京都千代田区一ツ橋2-5-5
案内 03-5210-4000　販売部 03-5210-4111
http://www.iwanami.co.jp/

新書編集部 03-5210-4054
http://www.iwanamishinsho.com/

印刷・三陽社　カバー・半七印刷　製本・中永製本

ISBN 4-00-430802-X　Printed in Japan

岩波新書新赤版一〇〇〇点に際して

ひとつの時代が終わったと言われて久しい。だが、その先にいかなる時代を展望するのか、私たちはその輪郭すら描きえていない。二〇世紀から持ち越した課題の多くは、未だ解決の緒を見つけることのできないままであり、二一世紀が新たに招きよせた問題も少なくない。グローバル資本主義の浸透、憎悪の連鎖、暴力の応酬――世界は混沌として深い不安の只中にある。

現代社会においては変化が常態となり、速さと新しさに絶対的な価値が与えられた。消費社会の深化と情報技術の革命は、種々の境界を無くし、人々の生活やコミュニケーションの様式を根底から変容させてきた。ライフスタイルは多様化し、一面では個人の生き方をそれぞれが選びとる時代が始まっている。同時に、新たな格差が生まれ、様々な次元での亀裂や分断が深まっている。社会や歴史に対する意識が揺らぎ、普遍的な理念に対する根本的な懐疑や、現実を変えることへの無力感がひそかに根を張りつつある。そして生きることに誰もが困難を覚える時代が到来している。

しかし、日常生活のそれぞれの場で、自由と民主主義を獲得し実践することを通じて、私たち自身がそうした閉塞を乗り超え、希望の時代の幕開けを告げてゆくことは不可能ではあるまい。そのために、いま求められていること――それは、個と個の間で開かれた対話を積み重ねながら、人間らしく生きることの条件について一人ひとりが粘り強く思考することではないか。その営みの糧となるものが、教養に外ならないと私たちは考える。歴史とは何か、よく生きるとはいかなることか、世界そして人間はどこへ向かうべきなのか――こうした根源的な問いとの格闘が、文化と知の厚みを作り出し、個人と社会を支える基盤としての教養となった。まさにそのような教養への道案内こそ、岩波新書が創刊以来、追求してきたことである。

岩波新書は、日中戦争下の一九三八年一一月に赤版として創刊された。創刊の辞は、道義の精神に則らない日本の行動を憂慮し、批判的精神と良心的行動の欠如を戒めつつ、現代人の現代的教養を刊行の目的とする、と謳っている。以後、青版、黄版、新赤版と装いを改めながら、合計二五〇〇点余りを世に問うてきた。そして、いままた新赤版が一〇〇〇点を迎えたのを機に、人間の理性と良心への信頼を再確認し、それに裏打ちされた文化を培っていく決意を込めて、新しい装丁のもとに再出発したいと思う。一冊一冊から吹き出す新風が一人でも多くの読者の許に届くこと、そして希望ある時代への想像力を豊かにかき立てることを切に願う。

（二〇〇六年四月）

岩波新書より

政治

政治的思考	杉田敦
現代日本の政党デモクラシー	中北浩爾
サイバー時代の戦争	谷口長世
現代中国の政治	唐亮
政権交代とは何だったのか	山口二郎
戦後政治史〔第三版〕	石川真澄・山口二郎
日本政治 再生の条件	山口二郎編著
日本の国会	大山礼子
〈私〉時代のデモクラシー	宇野重規
大臣〔増補版〕	菅直人
生活保障 排除しない社会へ	宮本太郎
「ふるさと」の発想	西川一誠
政治の精神	佐々木毅
ドキュメント アメリカの金権政治	軽部謙介
「戦地」派遣 変わる自衛隊	半田滋
民族とネイション	塩川伸明
昭和天皇	原武史
自衛隊 変容のゆくえ	前田哲男
集団的自衛権とは何か	豊下楢彦
沖縄密約	西山太吉
市民の政治学	篠原一
政治・行政の考え方	松下圭一
岸信介	原彬久
自由主義の再検討	藤原保信
海を渡る自衛隊	佐々木芳隆
象徴天皇	高橋紘
近代の政治思想	福田歓一

法律

大災害と法	津久井進
変革期の地方自治法	兼子仁
原発訴訟	海渡雄一
民法改正を考える	大村敦志
労働法入門	水町勇一郎
人が人を裁くということ	小坂井敏晶
知的財産法入門	小泉直樹
消費者の権利〔新版〕	正田彬
司法官僚 裁判所の権力者たち	新藤宗幸
名誉毀損	山田隆司
刑法入門	山口厚
家族と法	二宮周平
会社法入門	神田秀樹
憲法とは何か	長谷部恭男
良心の自由と子どもたち	西原博史
独占禁止法	村上政博
裁判官はなぜ誤るのか	秋山賢三
憲法への招待	渋谷秀樹
憲法と国家	樋口陽一
比較のなかの日本国憲法	樋口陽一
法とは何か〔新版〕	渡辺洋三
法を学ぶ	渡辺洋三
民法のすすめ	星野英一
日本人の法意識	川島武宜

岩波新書より

経済

日本財政 転換の指針 井手英策
日本の税金〔新版〕 三木義一
世界経済図説〔第三版〕 宮崎勇 田谷禎三
日本経済図説〔第三版〕 宮崎勇 本庄真
成熟社会の経済学 小野善康
景気と経済政策 小野善康
平成不況の本質 大瀧雅之
原発のコスト 大島堅一
次世代インターネットの経済学 依田高典
ユーロ 危機の中の統一通貨 田中素香
低炭素経済への道 諸富徹 浅岡美恵
「分かち合い」の経済学 神野直彦
人間回復の経済学 神野直彦
グリーン資本主義 佐和隆光
市場主義の終焉 佐和隆光
消費税をどうするか 小此木潔

国際金融入門〔新版〕 岩田規久男
金融入門〔新版〕 岩田規久男
ビジネス・インサイト 石井淳蔵
ブランド 価値の創造 石井淳蔵
グローバル恐慌 浜矩子
金融商品とどうつき合うか 新保恵志
金融NPO 藤井良広
地域再生の条件 本間義人
経済データの読み方〔新版〕 鈴木正俊
格差社会 何が問題なのか 橘木俊詔
家計からみる日本経済 橘木俊詔
日本の経済格差 橘木俊詔
現代に生きるケインズ 伊東光晴
シュンペーター 伊東光晴 根井雅弘
ケインズ 伊東光晴
事業再生 高木新二郎
経済論戦 川北隆雄
景気とは何だろうか 山家悠紀夫

環境再生と日本経済 三橋規宏
経営者の条件 大沢武志
人民元・ドル・円 田村秀男
世界経済入門〔第三版〕 西川潤
社会的共通資本 宇沢弘文
経済学の考え方 宇沢弘文
経営革命の構造 米倉誠一郎
アメリカの通商政策 佐々木隆雄
戦後の日本経済 橋本寿朗
共生の大地 新しい経済がはじまる 内橋克人
思想としての近代経済学 森嶋通夫

社会

岩波新書より

岩波新書より

岩波新書より

現代世界

岩波新書より

中国路地裏物語 上村幸治
ロシア経済事情 小川和男
ユーゴスラヴィア現代史 柴宜弘
ビルマ 「発展」のなかの人びと 田辺寿夫
「風と共に去りぬ」のアメリカ 青木冨貴子
東南アジアを知る 鶴見良行
バナナと日本人 鶴見良行
獄中19年 徐勝
モンゴルに暮らす 一ノ瀬恵
イスラームの日常世界 片倉もとこ
集落への旅 原広司
韓国からの通信 T・K生 「世界」編集部編
自由への大いなる歩み M・L・キング 雪山慶正訳
非ユダヤ的ユダヤ人 I・ドイッチャー 鈴木一郎訳

福祉・医療

環境・地球

欧州のエネルギーシフト　脇阪紀行
グリーン経済最前線　井田徹治／末吉竹二郎
低炭素社会のデザイン　西岡秀三
環境アセスメントとは何か　原科幸彦
生物多様性とは何か　井田徹治
キリマンジャロの雪が消えていく　石弘之
地球環境報告Ⅱ　石弘之
酸性雨　石弘之
地球環境報告　石弘之
イワシと気候変動　川崎健
森林と人間　石城謙吉
世界森林報告　山田勇
地球の水が危ない　高橋裕
中国で環境問題にとりくむ　定方正毅
地球持続の技術　小宮山宏
日本の渚　加藤真
環境税とは何か　石弘光
ゴミと化学物質　酒井伸一
山の自然学　小泉武栄
地球温暖化を防ぐ　佐和隆光
地球温暖化を考える　宇沢弘文
地球環境問題とは何か　米本昌平
水俣病は終っていない　原田正純
水俣病　原田正純

情報・メディア

震災と情報　徳田雄洋
デジタル社会はなぜ生きにくいか　徳田雄洋
メディアと日本人　橋元良明
本は、これから　池澤夏樹編
インターネット新世代　村井純
インターネットⅡ　村井純
インターネット　村井純
ジャーナリズムの可能性　原寿雄
ITリスクの考え方　佐々木良一
ユビキタスとは何か　坂村健
ウェブ社会をどう生きるか　西垣通
IT革命　西垣通
メディア社会　佐藤卓己
現代の戦争報道　門奈直樹
未来をつくる図書館　菅谷明子
メディア・リテラシー　菅谷明子
テレビの21世紀　岡村黎明
インターネット術語集Ⅱ　矢野直明
インターネット術語集　矢野直明
広告のヒロインたち　島森路子
Windows入門　脇英世
フォト・ジャーナリストの眼　長倉洋海
日米情報摩擦　安藤博
職業としての編集者　吉野源三郎

岩波新書/最新刊から

1416 **WTO 貿易自由化を超えて** 中川淳司 著
岐路に立つWTO。TPPとの違いとは？その変化は私達の暮らしにどう影響するのか。その誕生から現在までを一冊で読み解く。

1417 **タックス・ヘイブン** ―逃げていく税金― 志賀櫻 著
マネーの亡者が群れ蠢く、富を吸い込むブラックホール。その知られざる実態を解明し、生活と経済へ及ぼす害悪に警鐘を鳴らす。

1418 **まち再生の術語集** 延藤安弘 著
孤立、過疎、高齢化、被災…現代のまちが直面するトラブルを再生のドラマに変えるには？どこからでも読めるキイワード集。

1419 **ことばの力学** ―応用言語学への招待― 白井恭弘 著
ことばは知らない間に人間の行動を左右する。問題を科学的に解決するための「応用言語学」の最新研究から、幅広い話題を紹介。

1420 **実践 日本人の英語** マーク・ピーターセン 著
「お一人ですか？」を英語にすると？ 簡単な日本語ほど落し穴が一杯。ベストセラー『日本人の英語』に、待望の「実践」篇登場！

1421 **加藤周一** ―二十世紀を問う― 海老坂武 著
言葉を愛した人・加藤周一の生涯をたどりつつ、我々の未来への歩みを支える力強い杖として、今ひとたびその言葉を読み直す。

1422 **人類哲学序説** 梅原猛 著
原発事故という文明災を経て、近代合理主義・人間中心主義が切り捨てたものを吟味、新たな可能性を日本の思想のなかに見出す。

1423 **新・現代アフリカ入門** ―人々が変える大陸― 勝俣誠 著
独立以来半世紀、なぜ依然混乱が続くのか。欧米日による資源奪い合いの構造を浮き彫りにし、新興国とのかかわりの実情に迫る。

(2013. 5)